Wer hat Stella & Tom die Angst gemopst?

Geschichten, die Kinder stark machen

von
Dr. Christian Lüdke

Illustriert von Saskia Gaymann

medhochzwei

Bibliografische Information der Deutschen Nationalbibliothek

Die Deutsche Nationalbibliothek verzeichnet diese Publikation in der Deutschen Nationalbibliografie; detaillierte bibliografische Daten sind im Internet über http://dnb.d-nb.de abrufbar.

Bei der Herstellung des Werkes haben wir uns zukunftsbewusst für umweltverträgliche und wiederverwertbare Materialien entschieden.

Der Inhalt ist auf elementar chlorfreiem Papier gedruckt.

ISBN 978-3-86216-385-4

© 2018 medhochzwei Verlag GmbH, Heidelberg
www.medhochzwei-verlag.de

Satz: Sabine Brand

Illustration: Saskia Gaymann

Umschlaggestaltung: Sabine Brand

Druck: M. P. Media-Print Informationstechnologie GmbH, Paderborn

Wenn Du in diesem Buch einen Druckfehler findest, dann darfst Du ihn behalten.

meine Liebe serienmäßig

Inhalt

Figuren

Stella & Tom sind beste Freunde. Die beiden wohnen direkt nebeneinander und kennen sich schon seit dem Kindergarten. Früher haben sie zusammen Sandburgen gebaut, heute erleben sie gemeinsam große und kleine Abenteuer. Obwohl sie viele
unterschiedliche Interessen haben, verstehen sie sich gut. Stella ist tierlieb und sportlich. Schon seit Jahren träumt sie von einem eigenen Pferd oder zumindest von einer Reitbeteiligung. Tom ist temperamentvoll und spielt gerne Fußball; bei schlechtem Wetter vertreibt er sich die Zeit mit PC-Spielen. Wenn er groß ist, möchte Tom Fußball-Star oder Detektiv werden.

Mops Mampfred ist ein kleiner, gefräßiger Hund, der immer dann auftaucht, wenn ein Kind Angst hat. Er begleitet Stella und Tom bei ihren Abenteuern und hat immer einen guten Ratschlag parat. Wenn er hungrig oder sauer ist, kann er ganz schön ungemütlich werden. Wenn er sich aufregt, sieht Mampfred ein wenig aus wie ein Gorilla-Mops.

Otto Bär ist der Hausmeister der Schule. Er ist früher als Seemann um die ganze Welt gefahren und hat viel gesehen und erlebt. Auf einer seiner Reisen hat er seine Frau Lola kennen gelernt. Herr Bär sorgt an der Schule für Ordnung und kümmert sich darum, dass es den Kindern gut geht.

Lola Bär ist die Ehefrau vom Hausmeister Bär. Sie ist ein bisschen verrückt und hat oft lustige Ideen. Wegen ihrer roten Haare sieht sie ein wenig aus wie eine liebe Hexe. Das ist bei den Schülern auch ihr Spitzname. Sie ist sehr kinderlieb und betreibt den Schulkiosk Sambabude. An ihrem Büdchen gibt es nicht nur Weingummi, sondern auch leckeres Obst aus dem Schulgarten. Sie kann gut trösten und bringt die Kinder mit ihren Geschichten zum Träumen.

Rosa Kiki ist eigentlich Lehrerin für Kunst und Musik. Sie betreut aber auch die Schulgarten AG; dort züchtet sie Obst, Gemüse und Blumen. Sie liebt Schmetterlinge, Rosen und Orchideen und vor allem die Farbe Rosa. Ganz oft sagt sie: „Rosa ist die Farbe der Seele". Die Schüler nennen sie daher *Rosa* Kiki.

Stella & Tom

Magie, Magie und Fantasie,
ich bin stark so wie noch nie,
Murmel Drops und Lollipops,
ich bin froh so wie ein Mops.
Eins, zwei, drei
und ich bin frei,
meine Angst
ist jetzt vorbei.

Ich bin gerade über etwas sehr glücklich, denkt Stella. Freunde sind sehr wichtig. Das weiß ich genau. Ich habe nämlich einen besten Freund und der heißt Tom.

Tom und Stella sind Nachbarn und schon zusammen in den Kindergarten gegangen. Sie verbringen viel Zeit miteinander: Sie gehen gemeinsam zur Schule und manchmal machen sie auch gemeinsam Hausaufgaben. In Stellas Garten gibt es ein kleines Törchen, da können beide schnell mal zum anderen rüber, um sich zu treffen.

Nur wenn es regnet, dann spielt Tom alleine am Computer. Das darf er auch an anderen Tagen machen, aber immer nur für eine halbe Stunde, länger nicht. Wenn Stella mal allein zu Hause ist, dann liest sie lieber. Am liebsten Bücher über Pferde oder Hunde.

Ehrlich gesagt, hätte Stella auch gerne ein eigenes Handy. Aber Papa und Mama sagen, das bekommt sie erst, wenn sie zehn Jahre alt ist. Sie ist aber erst neun! In ihrer Klasse haben schon fast alle Kinder ein eigenes Handy. Manchmal ist es echt doof, keins zu haben. Tom findet das gar nicht schlimm. Er hat zwar schon ein eigenes Handy, aber er sagt, dass es viel schöner ist, sich mit Stella zu treffen. Das ist typisch Tom. Tom ist zwar kein Mädchen, aber irgendwie ist er ganz cool, findet Stella.

Stella und Tom haben keine Geheimnisse voreinander. Aber es gibt eine Sache, über die Tom nicht so gerne spricht. Vielleicht schämt er sich. Die Jungs in seiner Fußballmannschaft ärgern ihn

manchmal, weil sein bester Freund ein Mädchen ist. Aber Tom ist das ziemlich egal.

Dieses Jahr fahren Tom und Stella sogar zusammen in die Ferien. Stella geht auf den Reiterhof und Tom ins Fußballcamp. Er träumt davon, wie Lionel Messi zu spielen. Wenn Stella Tom ärgern will, neckt sie ihn: „Wenn Reiten einfach wäre, hieße es Fußball."

An diesem Montagnachmittag liegt Stella auf ihrem Bett und träumt vor sich hin. Aber was war das denn jetzt?, wundert sich Stella. Hat sie gerade Papas Stimme unten im Flur gehört? Das ist ja komisch. Sonst kommt Papa immer später nach Hause. Als sie ihre Tür öffnet, hört sie, wie ihre Mama weint und sie hört die Worte „Kündigung" und „Entlassung". Dann reden Mama und Papa so laut, dass Stella sich total erschreckt und ihre Zimmertür ganz schnell wieder zumacht und sich in ihr Bett verkriecht. Mama und Papa streiten sich! Stella muss lange weinen, bevor sie einschläft.

Später in der Nacht wacht Stella wieder auf. Irgendetwas drückt auf ihren Bauch. Es ist schwer und fühlt sich an, als würde es sich bewegen. Es macht auch Geräusche. Komische Geräusche. Ist das etwa ein Schnarchen? Mit geschlossenen Augen greift Stella auf ihren Bauch und spürt ein wunderbar weiches Fell. Es ist so kuschelig, dass sie am liebsten ihr ganzes Gesicht darin vergraben würde.

Ganz, ganz langsam öffnet Stella ihre Augen. Und macht sie sofort wieder zu. Das kann doch gar nicht sein, was sie da gerade gesehen hat! Schnell kneift sie sich in den Arm. Aua! Das tat richtig weh und sie kann unmöglich noch träumen. Sie zählt ganz langsam von zehn rückwärts. Erst dann traut sie sich, ihre Augen nochmal zu öffnen.

„Das wird aber auch langsam Zeit, du Schlafmütze! Ich sitze schon die ganze Zeit neben dir im Bett und habe einen Riesenhunger. Stehst du bald auf? Ich brauche etwas zu mampfen!", fängt auf einmal jemand an zu sprechen.

Erst verschwommen und dann ganz deutlich sieht Stella eine Gestalt auf ihrem Bauch. Sie ist ganz dick, hat große Augen, ein zerknautschtes Gesicht, eine rosa Zunge und Schlappohren. Jetzt rammt sie ihr eine feuchte Nase ins Gesicht. „Iiihh, hör sofort auf damit, das ist total ekelig!"

Stella muss lachen. Bäh, jetzt weiß sie genau, dass sie nicht träumt.

„Mein Name ist Mampfred", sagt das Wesen.

Stella erkennt langsam Formen und fragt erstaunt: „Bist du etwa ein Hund?"

„Nein! Damit das klar ist: ich bin kein Hund! Ich bin ein Mops!" Stella kann es nicht mehr aushalten und macht die Nachttischlampe an. Sie sieht tatsächlich einen kleinen, dicken Mops!

„Und was ist der Unterschied zwischen Hund und Mops?"

„Das wirst du noch früh genug herausfinden, und jetzt gib mir endlich was zu fressen!", winselt Mampfred.

Stella kriegt kein Wort mehr heraus und starrt Mampfred einfach nur an. In ihr rumort es: Wenn ich mir etwas wünsche, dann ist es ein Pferd. Aber doch keinen Mops, der so hässlich ist, nur Geräusche macht und ständig fressen will, denkt sie angewidert.

Als ob der Mops Gedanken lesen kann, sagt er plötzlich: „Hey, du solltest etwas mehr Respekt vor mir haben und dich freuen, dass ich da bin. Von jetzt an bin ich dein bester Freund – ich lass dich nie mehr alleine."

Bevor Stella das verdauen kann, geht die Tür auf und Stellas Mutter kommt herein. Verschlafen fragt sie: „Stella, mit wem sprichst du? Warum ist denn das Licht an?"

Stella weiß nicht, was sie sagen soll. „Ähm … ich, also …, ich meine …, na du siehst es ja selbst", stottert Stella. Ihre Mutter schaut sie nur verwundert an: „Was soll ich denn sehen? Du hast wahrscheinlich geträumt und im Schlaf gesprochen. Schlaf weiter", sagt sie liebevoll und streicht ihr über die Haare, bevor sie das Zimmer verlässt.

„Das ist ja der Hammer. Mama hat dich nicht gesehen", flüstert Stella fassungslos.

„Nein, deine Mama kann mich nicht sehen und dein Papa auch nicht. Für die meisten Erwachsenen bin ich unsichtbar. Nur du kannst mich jetzt sehen."

„Und woher kommst du?", fragt Stella.

„Verrate ich dir später. Jetzt erzähl mir erst, warum du vorhin so geweint hast."

„Ich glaube, mein Papa hat seine Arbeit verloren", erzählt Stella zögerlich. „Er ist schon früh nach Hause gekommen und hat sich unten mit Mama gestritten. Bestimmt ist Mama böse auf Papa, weil er keine Arbeit mehr hat. Und noch bestimmter hat sie Papa nicht mehr lieb. Oh, nein!" Stella klingt verzweifelt. „Was ist, wenn Mama mich jetzt auch nicht mehr lieb hat? Und Papa auch nicht mehr? Dann bin ich ja ganz alleine. Naja, nicht ganz alleine, Tom ist ja auch noch da. Aber was ist, wenn Tom auch nicht mehr zu mir hält?"

„Nur, weil dein Papa jetzt keine Arbeit mehr hat, heißt das nicht, dass deine Mama ihn nicht mehr lieb hat", beruhigt sie der dicke Mops. „Dein Papa liebt deine Mama, und vor allen Dingen liebt er dich. Die Familie ist viel wichtiger als die Arbeit. Dass deine Eltern jetzt etwas streiten, ist nicht schlimm. Wir haben uns ja gerade beinahe auch schon gestritten, weil du mir nichts zu fressen geben wolltest."

„Was soll ich denn bloß machen, Mampfred?", fragt Stella, die kurz davor ist, zu weinen.

„Am besten, du sprichst morgen mit deinen Eltern und erzählst ihnen, dass du dir Sorgen machst. Ich gehe jetzt erstmal in die Küche und sehe nach, ob ich dort etwas zu fressen finde."

„Wie kann man nur so verfressen sein?", grinst Stella, die schon etwas aufgemuntert ist.

„Na los, Stella, nimm dir morgen ein Herz. Ich kann dir jetzt schon sagen, was sie machen werden: Sie werden dich so fest knuddeln, dass du denkst, sie könnten dich zerquetschen. So lieb haben sie dich! Sie haben dich genauso lieb wie ich mein Fressen." 🐾

Wer hat dich
schon einmal überrascht?

Der geplatzte Traum

Ich bin gerade über etwas sehr glücklich, denkt Stella. Möpse sind schwerer als Schmetterlinge. Das weiß ich genau. Denn ein Mops saß gestern auf meinem Bauch. Und was für ein Mops! Einer, der die ganze Zeit nur ans Fressen denkt. Stella liegt in ihrem Bett und lächelt vor sich hin, während sie an den Mops denkt. Wohlig schließt sie die Augen.

Aber jetzt muss sie schnell einschlafen, mahnt sie sich selbst, denn es ist die letzte Woche bevor die Ferien beginnen und Stella freut sich über jeden Tag, der vergeht. Sie freut sich auch schon wie verrückt, weil sie am Samstag mit ihrer Familie in den Urlaub fährt. Nicht in irgendeinen Urlaub – Ferien auf dem Reiterhof! Und das Beste ist, dass Tom mitfahren darf.

Papa hat Stella vor ein paar Wochen erzählt, dass sie an den Timmendorfer Strand fahren. „Das ist an der Ostsee", hat Papa erklärt. „Und da gibt es auch einen Fußballverein, der in den Ferien ein Fußballcamp anbietet – perfekt für Tom! Während du reiten gehst, spielt Tom Fußball. Abends könnt ihr dann noch etwas zusammen unternehmen oder mit Mama und mir spielen", hat Papa hinzugefügt. Stella denkt schon seit Wochen immer vor dem Schlafengehen an den Urlaub und stellt sich vor, dass sie so schnell wie der Wind reiten wird.

Ihr Papa kommt jeden Abend in ihr Zimmer, um Gute Nacht zu sagen. Manchmal liest er ihr auch eine Geschichte vor. Oder er erfindet einfach Geschichten, die ihm gerade einfallen.

Magie, Magie,
und Fantasie,
ich bin stark so wie noch nie,

Murmel Drops und Lollipops,
ich bin froh so wie ein Mops.

Eins, zwei, drei
und ich bin frei,
meine Angst
ist jetzt vorbei.

Heute ist Papa aber ganz ernst. „Ich muss dir etwas erzählen, Stella. Es wird sich etwas ändern, meine Kleine."

„Was denn?", fragt Stella abwesend, da sie noch von den Ferien träumt.

„Stella, wir müssen dir etwas sagen, was leider sehr unerwartet für uns alle ist."

„Ich bekomme ein eigenes Pferd?", fragt Stella aufgeregt.

Stellas Papa schaut sie traurig an. „Nein, leider nicht. Wir würden dir so gerne ein eigenes Pferd schenken oder zumindest eine Reitbeteiligung. Aber das geht im Moment nicht. Ich habe von meinem Chef gestern eine Kündigung bekommen und habe bald keine Arbeit mehr."

Stella ist verwirrt, denn sie weiß nicht, was das alles bedeutet. Sie schaut ihren Vater mit großen Augen an.

Ihr Papa legt ihr eine Hand auf den Kopf und streicht ihr über die Haare. „Es tut mir sehr leid, aber deswegen können wir dieses Jahr auch keinen Urlaub machen. Dafür reicht das Geld einfach nicht mehr aus. Wir werden das aber irgendwann nachholen, das verspreche ich dir."

Stella ist den Tränen nahe und jammert: „Oh, nein! Bitte nicht! Bitte sag, dass das nicht stimmt. Ich freue mich doch schon seit Monaten auf die Reiterferien und Tom auf sein Fußballcamp. Was soll ich Tom denn jetzt nur sagen?"

Stellas Papa streicht ihr beruhigend über den Rücken: „Tom und seine Eltern werden sicher Verständnis dafür haben. Seine Mama war vor ein paar Jahren auch arbeitslos. Deine Mama ist gerade drüben bei Toms Eltern und sagt ihnen, dass der gemeinsame Urlaub leider ins Wasser fällt." Stella schluckt schwer und kann immer noch nicht begreifen, dass ihr Traum geplatzt ist.

„Mama und ich werden uns am Wochenende ganz in Ruhe mit dir darüber unterhalten. Aber schlaf jetzt bitte."

Stella hört gar nicht mehr, wie Papa die Tür zu ihrem Kinderzimmer schließt, so traurig ist sie. Sie wird nervös und stellt sich vor, dass sie bestimmt bald kein Geld mehr für neue Kleidung haben werden. Wahrscheinlich müssen Mama und Papa dann auch ihr Auto verkaufen und sie können nirgendwo mehr hinfahren. Bestimmt müssen sie dann auch aus ihrem schönen Haus ausziehen und haben keine Wohnung mehr.

„Nein!", schreit Stella ganz laut. „Das mache ich nicht mit. Dann renne ich weg, zu Oma und Opa. Oder ich frage die Stallbesitzerin; die hat bestimmt nichts dagegen, wenn ich in der Pferdebox schlafe."

Dabei schlägt sie entschlossen mit beiden Händen auf ihre Bettdecke.

„Hör auf damit, Stella! Du hättest mich beinahe getroffen!", knurrt Mops Mampfred. „Ich habe gerade von einem riesengroßen Knochen geträumt. Und gerade als ich ihn auffressen wollte, hast du mich aufgeweckt!"

„Wenn sich einer aufregen darf, dann bin das ja wohl ich. Und du willst mein Beschützer sein? Hast du überhaupt mitbekommen, was Papa mir vorhin gesagt hat?", fragt Stella entrüstet. „Wir werden nicht in den Urlaub fahren. Und bald haben wir kein Haus und kein Geld mehr und ich werde im Stall schlafen bei den Pferden", schluchzt Stella.

„Das glaube ich nicht. Das ist zu gefährlich, da du von einem Pferd getreten werden könntest", versucht Mampfred zu witzeln. „Und außerdem bin ich bei dir. Und ich bin immer bei dir", fügt Mampfred jetzt fürsorglich hinzu, denn er will nicht, dass Stella weint.

In diesem Augenblick hören beide Toms Stimme aus dem Garten: „Hey Stella, mach schnell die Tür auf, ich muss mit dir reden!"

Aufgeregt springt Stella aus ihrem Bett und rennt die Treppe herunter, um Tom die Tür aufzumachen. Fast wäre sie dabei über den Mops gestolpert, der noch schneller sein will als Stella und ihr dabei durch die Beine läuft.

Als sie die Tür aufmacht, traut sie ihren Ohren nicht. Was sagt Tom da? „Mampfred, du kleiner Rabauke! Was machst du denn hier?!", ruft Tom.

„Du kannst Mampfred sehen?", fragt Stella überrascht.

„Ja, klaro! Was denkst du denn?", lacht Tom.

„Ähm, wie …? Ich dachte, nur Kinder, die Angst haben, können den Mops Mampfred sehen?" Beschämt schaut Stella Tom an.

„Ja, genau, so ist es auch. Ich hatte auch schon einmal große Angst. Du weißt doch, dass ich mir letztes Jahr den Fuß gebrochen habe. Ich hatte richtig große Angst, dass ich nie wieder Fußball spielen kann. Eines Nachts saß dann plötzlich dieser kleine, dicke Mops auf meinem Bauch."

„Das mit dem dick nimmst du sofort zurück, sonst lernst du mich richtig kennen", meckert Mampfred.

„Ich weiß genau, was du meinst, Tom", lacht Stella, „das ist schon witzig, so einen schweren Mops auf dem Bauch sitzen zu haben."

„Jetzt hört aber beide auf, ihr Schnuppelhäschen. Wenn hier einer lacht, dann bin ich das!", ruft Mampfred dazwischen, während sich Tom und Stella vor Lachen kringeln.

Mops Mampfred plustert sich auf und bereitet sich auf eine seiner Ansprachen vor. Stella und Tom, die mittlerweile ganz fröhlich schauen, blicken ihn gespannt an. „Und jetzt will ich euch beiden noch etwas sagen", beginnt Mampfred. „Nur, weil Papa keine Arbeit mehr hat, heißt das nicht, dass ihr gar nichts mehr unternehmen könnt. Dein Papa bekommt Hilfe und Unterstützung von unserem Staat. Ihr bekommt genug Geld, damit es euch weiterhin gut geht."

„Und kann ich auch weiter reiten gehen?", fragt Stella schüchtern.

„Ja, natürlich. Vielleicht nur nicht mehr so oft wie vorher. Aber mach dir wegen der Ferien mal keine Sorgen. Ich habe da schon eine Idee für euch beide."

„Wahrscheinlich sollen wir dich jetzt die ganzen Ferien über füttern", kichern Stella und Tom.

„Grrr", knurrt Mampfred und kann sich dabei das Lachen schon wieder nicht verkneifen. „Ihr werdet schon sehen, was ihr davon habt! Rache ist süß."

Wer hat dir schon mal geholfen, als du nicht damit gerechnet hast?

Ich habe voll Schiss

Ich bin gerade über etwas sehr glücklich, denkt Stella. Spielen ist wichtig. Das weiß ich genau. Sie könnte von morgens bis abends spielen. Wenn da nicht die blöde Schule wäre.

Manchmal würde sie gerne am Computer spielen oder mit Toms Handy. Aber Stellas Eltern wollen das nicht. Sie sagen, dass Stella erst mit zehn ein eigenes Handy bekommt. Im Kindergarten gab es schon einen Computer, mit dem man Bilder malen konnte. Das hat ihr gefallen. Trotzdem findet Stella es viel schöner, auf richtigem Papier zu malen.

Heute malen Tom und Stella gemeinsam. Sie haben eine Idee: Sie malen sich gegenseitig die Gesichter bunt an. Das macht ihnen viel Spaß und sie lachen die ganze Zeit.

Als Stellas Mutter die beiden sieht, kann sie nicht mitlachen. „Das geht doch nie wieder ab!", schimpft sie.

Irgendwie hatte sie sogar ein bisschen recht. Tom und Stella haben sich das Gesicht nämlich nicht mit Fingerfarbe angemalt, sondern dicke Filzstifte genommen. Manche davon waren sogar wasserfest. Das bereuen die beiden nun auch, denn als sie sich die Gesichter waschen, geht fast nichts mehr ab.

Am nächsten Tag müssen sie mit ihren bunten Gesichtern in die Schule gehen.

Magie, Magie
und Fantasie,
ich bin stark so wie noch nie,

Murmel Drops und Lollipops,
ich bin froh so wie ein Mops.

Eins, zwei, drei
und ich bin frei,
meine Angst
ist jetzt vorbei.

„Ich will nicht!", jammert Tom, als er Stella zur Schule abholt. Auch Stella lässt den Kopf hängen.

„Wenn ihr schon so einen Mist macht, dann müsst ihr das auch ausbaden", meint Stellas Mama, die sich ein Lächeln nicht verkneifen kann.

In der Schule werden Stella und Tom von der ganzen Schulklasse ausgelacht. Schlimmer noch. Die ganze Schule amüsiert sich über die beiden. Die Lehrerinnen schmunzeln und bekräftigen nur, dass Stella und Tom da eben durch müssten.

Tom und Stellas Gesichter werden immer länger.

„Es ist total blöd, wenn man anders aussieht als die anderen", erkennt Stella. „Nur weil unsere Gesichter bunt sind, ärgern uns alle." Zwischendurch können Stella und Tom ein wenig über sich selbst lachen. Aber irgendwann geht es ihnen auf die Nerven, dass immer auf sie gezeigt wird.

Am Ende des Schultags stehen Tom und Stella alleine auf dem Schulhof in einer Ecke und wollen nicht mehr gesehen werden. Sie wollen keine blöden Sprüche mehr hören und sie wollen auch nicht mehr gehänselt werden.

Plötzlich hören sie eine bekannte knurrige Stimme: „Nicht traurig sein, ihr beiden. Nur weil ihr ausgelacht werdet, ist das kein Grund zu schmollen."

„Du kennst das Problem nicht, Mampfred. Du siehst immer komisch aus: Platte Nase, rosa Zunge, Schlappohren. Soll ich noch mehr sagen?", zischt ihn Stella an.

„Was? Sei nicht so gemein!", schimpft Mampfred.

„Hast du nicht mitbekommen, wie die anderen Tom und mich hänseln?", fragt Stella.

„Doch, habe ich. Ich habe sogar ein paar Kindern erzählt, dass ihr beide heute komisch aussehen werdet."

„Nein! Das glaube ich doch wohl nicht! Du hast der ganzen Schule erzählt, dass Tom und ich mit bunten Gesichtern in die Schule kommen werden? Das ist so fies von dir!", ruft Stella.

„Ich habe es nur zwei Kindern erzählt. Du weißt ja, dass mich nur die Kinder sehen können, die selbst schon einmal Angst hatten", versucht Mampfred sie zu beruhigen.

„Ach, ja? Wem hast du es denn erzählt?", fragt Tom verwundert.

„Florina und Sanni", antwortet Mampfred.

„Das sind die Flüchtlinge aus dem Land, das ganz weit weg ist, oder nicht?", fragt Tom.

„Ja, sie wurden am Anfang auch immer ausgelacht, weil sie anders aussehen als ihr", erzählt ihnen der Mops.

„Stimmt, sie haben eine viel dunklere Hautfarbe und tragen ganz komische Kleidung", nickt Stella wissend.

„Sie können auch nur wenig Deutsch", fügt Tom hinzu.

„Dafür können sie nichts, denn sie sind erst vor drei Monaten nach Deutschland gekommen", rügt sie Mampfred. „Das, was ihr ein Mal erlebt habt, erleben die beiden fast täglich. Sie werden oft ausgelacht, nur weil sie anders aussehen."

Stella und Tom schauen bedrückt. „Florina und Sanni fühlen sich echt auch so wie wir uns gefühlt haben?", fragt Stella betroffen.

„Ja, genau", bestätigt Mampfred.

„Jetzt habe ich ein ganz schlechtes Gewissen. Wir alle haben uns lustig gemacht über Florina und Sanni, als sie in unsere Schule gekommen sind. Florina stand ganz alleine in der Tür und hat sich noch nicht einmal getraut, ihre Jacke auszuziehen. Und Sanni wollte in der Pause weder mit uns spielen noch essen oder trinken. Wenn die anderen dann gelacht haben und über Florina und Sanni geredet haben, wurden die beiden ganz traurig. Einmal habe ich sogar gesehen, dass Florina geweint hat."

„Das war nicht in Ordnung", belehrt sie Mampfred. „Die beiden haben eine lange, gefährliche Reise hinter sich. Sie kommen aus einem Land, in dem Krieg herrscht. Florina und Sanni mussten

ganz alleine, ohne ihre Eltern aus ihrer Heimat fliehen. Sie haben so schlimme Dinge erlebt und hatten so große Ängste, dass sie mich schon gesehen haben, als sie kleine Kinder waren. Ich habe auf die beiden aufgepasst, so wie ich auf dich und Tom aufpasse."

„Bestimmt haben sie großes Heimweh", sagt Tom.

„Natürlich! Florina und Sanni haben riesiges Heimweh, und es wird auch noch ganz lange dauern, bis das besser wird. Sie haben Sehnsucht nach ihrem Zuhause, nach Mama und Papa, nach ihren Freunden. Sie vermissen das blaue Meer und den warmen Wind."

„Neulich, als ein Polizeihubschrauber über unsere Schule geflogen ist, sind Florina und Sanni total erschrocken", erzählt Tom. „Sie haben sich sogar unter dem Tisch versteckt. Die ganze Klasse hat laut gelacht. Dann haben beide geweint. Erst dann hat das Lachen aufgehört."

„Florina und Sanni wussten nicht, dass es ein Polizeihubschrauber ist. Sie dachten, das wäre wieder ein Hubschrauber mit fremden Soldaten", erklärt Mampfred.

„Mampfred, das tut mir alles so leid für die beiden!", wirft Stella ein.

„Lasst uns zusammen Florina und Sanni besuchen", schlägt Mampfred vor. „Ihr könnt euch entschuldigen und sie werden sich über euren Besuch freuen. Wir können zusammen spielen und ihr könnt ihnen helfen, Deutsch zu lernen. Dafür könnt ihr von Florina und Sanni viele andere Sachen lernen. Sie können euch von ihrem Land erzählen und was für Spiele sie dort gespielt haben."

Stella freut sich. „Das klingt jetzt schon super spannend. Ich möchte Florina und Sanni helfen, dass sie sich nicht mehr so traurig fühlen, weil sie geärgert werden für Dinge, für die sie gar nichts können. Ich weiß, wie sich das einen Tag lang anfühlt. Das soll niemand auch nur einen Tag länger erleben!", bestimmt sie entschlossen. Die bunten Gesichter haben Stella und Tom vergessen – unbekümmert machen sie sich auf den Weg.

Wie kannst du jemandem helfen, über den sich andere lustig machen?

26

Mops Mampfred

Ich bin gerade über etwas sehr glücklich, denkt der Mops, der gerade ein leckeres Stück Kuchen verputzt hat. Das weiß ich genau. Denn ich bin ein Mops. Möpse können immer essen.

Der Mops rollt sich auf den Rücken und streckt seinen Bauch entspannt in die Luft. Als Mops muss man nur aufpassen, dass man nicht zu viel frisst, denn dann wird man zu schwer und kann sich nicht mehr so gut bewegen. Mampfred kann das aber nicht passieren, denn er bewegt sich gerne. Naja, nicht immer. Manchmal ist es so schön warm und ku-schelig, wenn er bei Stella und Tom ist. Dann genießt er es sehr, sich auszuruhen und mal nichts zu tun, bis er wieder mit Stella zum Reiten oder mit Tom zum Fußball muss. Aber das macht er gerne, denn dafür ist er ja da. Nur wenn er nichts zu fressen bekommt, kann er ungemütlich werden.

Magie, Magie und Fantasie, ich bin stark so wie noch nie, Murmel Drops und Lollipops, ich bin froh so wie ein Mops. Eins, zwei, drei und ich bin frei, meine Angst ist jetzt vorbei.

Heute ist der erste Ferientag und draußen regnet es leider. Stella und Tom sind in Stellas Zimmer geblieben. Dort liegen sie auf ih-ren Bäuchen und puzzeln, während Mampfred ein großes Stück Kuchen vor sich liegen hat, das er gierig beäugt.

„Erzähl mal ein wenig von dir", fordert Stella ihn auf, die gerade ein paar Puzzlestücke sortiert. Sie ist ganz neugierig und will so viel wie möglich über ihren neuen Freund erfahren.

Der Mops räkelt sich zufrieden, denn er liebt es, wenn alle Aufmerksamkeit auf ihn gerichtet ist. „Wie ihr wisst, helfe ich allen Kindern, die schon einmal Angst hatten. Erst die Angst macht mich für Kinder sichtbar." „Für immer?", fragt Tom. „Ja", antwortet der Mops. „Wenn mich ein Kind einmal gesehen hat, bleibe ich für immer bei ihm." Er fügt hinzu: „Ich mache keinen Rabatz, ich bin gut zu transportieren und ich selbst mache niemandem Angst, außer der Angst."

„Was ist denn mit Kindern, die so große Angst haben, dass sie gar nicht darüber sprechen können?", fragt Tom den Mops.

„Das kommt oft vor", nickt der Mops. „Ich weiß aber, was die Kinder fühlen, ohne dass sie es mir sagen müssen. Ich kann dann trotzdem Vorschläge machen und ihnen helfen." „Aber warum bist du kein Bär oder Tiger oder sonst ein anderes starkes Tier?", fragt Stella vorsichtig.

„Ha!", schnaubt der Mops. „Vielleicht wusstet ihr es noch nicht, aber Möpse sind dafür bekannt, dass sie unglaublich stark sind, auch wenn sie klein sind, sind sie absolut furchtlos. Und weil wir Möpse schon so alt sind, kennen wir die Menschen und ihre Ängste ziemlich gut. Möpse sind die Begleiter und Beschützer des Menschen."

„Und du kannst wirklich jedem Kind helfen, das Angst hat?" wollen Stella und Tom wissen.

„Ja, klar!", gibt der Mops selbstsicher zurück.

„Ach ja, und wie machst du das?"

„Ha, ha, ha, so einfach geht das nicht! Ihr habt wohl geglaubt, ich falle darauf rein. Aber das müsst ihr schon selbst herausfinden." „Und wie sollen wir das anstellen?" Stella und Tom sind ratlos.

„Fragen stellen – wer nicht fragt, bleibt dumm!", gibt der Mops zurück.

„Du bist ein richtiger Witzbold, Mampfred! Wir haben dich doch gerade etwas gefragt und du hast nicht geantwortet!"

„Manchmal bekommt man eben nicht sofort eine Antwort", schnappt der Mops zurück. „Ihr müsst zu Detektiven werden." „Wie das denn?", fragt Stella verwundert.

„Zum Beispiel, indem ihr erstmal selbst über eure Frage nachdenkt. Oder genau beobachten lernt", zählt der Mops auf. „Besonders wenn ihr das Verhalten anderer Menschen beobachtet, könnt ihr eine ganze Menge lernen", erklärt der Mops nun wieder geduldig.

„Mal eine ganz dumme Frage von mir", beginnt Stella. „In meiner Klasse gibt es einen Jungen, der erzählt hat, dass seine Oma sich in letzter Zeit merkwürdig verhält. Er lacht sie dann immer aus, wenn sie zum Beispiel ihre Brille in den Kühlschrank legt. Aber warum seine Oma das macht, weiß er nicht."

„Wisst ihr", sagt Mampfred zu Stella und Tom und kuschelt sich dabei ganz eng zwischen beide, „die Oma legt ihre Brille nicht in den Kühlschrank, weil sie ihren Enkeln einen Spaß machen will. Sie macht die Dinge nicht absichtlich und vergisst auch, was sie gemacht hat."

„Das kenne ich", meldet sich Tom zu Wort. „Von meinem Opa – der ist schon über 80 Jahre alt. Das liegt am Alter, dass man sich nicht mehr so gut erinnern kann", nickt Tom wissend.

„Du lachst ihn aber nicht aus?", fragt ihn Stella mit großen Augen. „Nein", antwortet Tom. „Nur, wenn er selbst über seine Schusseligkeit lacht, dann muss ich auch lachen."

„Stimmt, das kann am Alter liegen", bekräftigt der Mops Tom. „Aber bei der Oma von eurem Klassenkameraden ist es etwas anderes. Manchmal werden Erwachsene krank."

„Wie eine Erkältung?", fragt ihn Stella.

„Nein, es gibt auch Erkrankungen, bei denen man nicht Husten oder Schnupfen hat, sondern bei denen man sich anders verhält als sonst", erklärt der Mops.

„Man vergisst und verlegt Sachen, weil man krank ist?", staunt Tom.

„Ja", meint der Mops. „Nicht nur das. Man kann sich verlaufen, weil man sich nicht mehr an den Weg erinnert und oft werden Oma und Opa dann auch sauer, weil sie sich über sich selbst ärgern."

„Und wie heißt die Krankheit?", fragt Stella. „Das nennt man Alzheimer oder Demenz", sagt der Mops.

„Das macht mir Angst", klagt Tom. „Was ist, wenn Opa das auch bekommt und sich verläuft und nicht mehr zu uns nach Hause findet? Dann sehen wir ihn ja nie wieder!"

„Nein, nein", beruhigt ihn der Mops. „Das passiert nicht. Dafür sind ja Mama und Papa da oder deine Oma. Sie alle würden gemeinsam auf ihn aufpassen."

„Stimmt", fällt Stella ein. „Deine Mama würde deinen Opa nie allein lassen, sie unternimmt doch auch oft etwas mit ihm."

Hast du auch schon einmal etwas vergessen?

„Wenn eure Großeltern krank werden, dann müsst ihr eure Eltern genau das fragen, was ihr nicht versteht. Sie werden euch sicher alles erklären."

„Und wie sollen wir mit kranken Omas und Opas umgehen?", will Tom wissen. „Ich habe Angst, ihnen weh zu tun oder von ihnen angeschrien zu werden", fügt er leise hinzu.

„Das ist eigentlich ganz einfach. Ihr braucht keine Angst zu haben. Es ist gut, wenn ihr kurze und einfache Sätze ruhig aussprecht. Ihr könnt auch einfache Fragen stellen, die man mit Ja oder Nein beantworten muss, zum Beispiel ‚*magst* du heute Wurst essen'? Anstatt zu fragen: ‚*was* möchtest du heute gerne essen?'.

„Das ist eine gute Idee", findet Stella. „Was können wir noch machen?"

„Omas und Opas mit Demenz können gut Gesichter lesen. Wenn ihr sie anlächelt, dann wissen sie, da ist jemand, der es gut mit mir meint. Sie fühlen sich dann ganz sicher und geborgen. Ihr dürft euch aber nicht über sie lustig machen, wenn sie sich komisch verhalten. Ihr dürft mit ihnen lachen, aber ihr sollt sie nicht auslachen."

Der Mops ist ein Meister darin, Kinder zu beruhigen. Schon haben sich Stella und Tom gefangen und werkeln weiter an ihrem Puzzle. Ganz gedankenversunken suchen sie nach den passenden Teilen. Da rufen sie plötzlich aus: „Hahahaha Mampfred, du hast jetzt schon die ganze Zeit vergessen, etwas zu mampfen." Die Kinder lachen aus vollem Herzen und zeigen auf das Kuchenstück, das immer noch unberührt auf dem Teller liegt. 🐾

Herr Bär

Magie, Magie und Fantasie, ich bin stark so wie noch nie, Murmel Drops und Lollipops, ich bin froh so wie ein Mops. Eins, zwei, drei und ich bin frei, meine Angst ist jetzt vorbei.

Ich bin gerade über etwas sehr glücklich, denkt Stella. Sie sitzt an ihrem Schreibtisch und hat gerade ihre Hausaufgaben erledigt. Das ist ein gutes Gefühl. Aber jetzt ist ihr langweilig und sie weiß gar nicht, was sie machen soll.

„Hey Stella, kommst du raus zum Spielen?", ruft Tom plötzlich aus dem Garten herauf.

Stella schaut aus dem Fenster, ein breites Grinsen erscheint auf ihrem Gesicht. „Auf jeden Fall, ich komme sofort! Ich muss nur noch den Müll nach draußen in die Tonne bringen, und dann komme ich!"

„Stella!", empfängt sie Tom ganz aufgeregt, als sie sich im Garten treffen. „Was hältst du davon, wenn wir zusammen den Müll einsammeln?"

„Bei uns im Haus? Aber das ist doch langweilig!" Stella versteht nicht, worauf Tom hinaus will.

„Nein, doch nicht in eurem Haus, ich meine in unserer Schule", erklärt Tom. „Wir können Herrn Bär fragen, ob wir ihm nicht ein bisschen helfen können. Vielleicht erzählt er uns dann wieder eine spannende Geschichte von seinen Reisen."

„Klasse Idee! Lass uns gleich zur Schule gehen und ihn fragen."

Otto Bär ist der Hausmeister an Stella und Toms Schule. Herr Bär heißt nicht nur Bär, er sieht auch fast so aus wie einer: Er ist groß und dick und hat eine ganz tiefe Stimme. An einer Schule gibt es ständig etwas zu tun. Entweder aufräumen, Müll einsammeln oder etwas reparieren. Herr Bär ist sehr streng, aber trotzdem lieb zu Kindern. Nur wenn er angelogen wird, das mag er überhaupt nicht. Es kann ja mal passieren, dass beim Spielen oder Toben etwas kaputt geht. Wenn Herr Bär dann fragt, wer es war und man die Wahrheit sagt, bekommt man keinen Ärger. Aber wenn die Kinder ihn anschwindeln und er es herausfindet, kann er richtig böse werden. Dann schimpft er ganz laut.

Einmal hat er erzählt, dass es auf hoher See bei einem Sturm so richtig laut wird. Dann müssen die Matrosen noch lauter rufen als der Sturm, damit die anderen sie hören können. Aber wenn kein Wind auf dem Meer ist, kann es sehr langweilig werden. Deshalb hat Herr Bär mal ein Spiel erfunden namens Tauschladen. Weil man auf dem Schiff ja nicht viel dabei hat, braucht man für dieses Spiel nur seine eigene Fantasie. Man darf sich dabei alles wünschen, was man haben will, zum Beispiel mehr Mut oder mehr Selbstbewusstsein. Aber weil es ein Tauschladen ist, muss man dafür im Gegenzug etwas abgeben. Zum Beispiel Angst oder Unsicherheit. Herr Bär fragt dann auch immer, wie viel man abgeben möchte, einen Fingerhut, eine Tüte oder einen ganzen Lastwagen voll. Stella mag das Spiel gerne, denn man tauscht etwas Schlechtes gegen etwas Gutes.

Stella und Tom laufen zur Schule und finden Herrn Bär im Schulgarten, wo er gerade das Unkraut entfernt.

„Hallo, Herr Bär, dürfen Tom und ich Ihnen helfen?", fragt Stella.

„Von mir aus, wenn ihr das wollt", brummt der Hausmeister und fügt hinzu: „Ihr könnt mir helfen, den Schulgarten zu pflegen, den eure Mitschüler letztes Jahr selbst angelegt haben. Außerdem könnt ihr den ganzen Müll aus den Gebüschen einsammeln." „Au ja, das machen wir", freuen sich die beiden Kinder und fangen sofort mit der Arbeit an.

Als Stella gerade durch widerspenstiges Gebüsch steigt, um ein besonders hartnäckiges Stück Plastik zu erreichen, entdeckt sie einen kleinen Jungen. Er hat sich im Gebüsch versteckt, um ganz dicke Tränen zu weinen.

„Hey Jonas, was ist denn mit dir los? Warum weinst du?", will Stella von ihm wissen, nachdem sie den Jungen aus ihrer Klasse erkannt hat.

„Als ich heute Morgen aufgewacht bin, war meine ganze Matratze nass. Ich hab schon wieder ins Bett gemacht."

„Aber wieso?"

„Ich weiß nicht", schnieft Jonas.

„Hast du mit deinen Eltern darüber gesprochen?", fragt Stella fürsorglich.

„Mein Papa hat doch keine Zeit mehr für mich", weint Jonas nun. „Mama hat sich mit ihm gestritten und danach hat Papa gesagt, dass er jetzt bei einer anderen Frau wohnt. Die hat auch einen Sohn. Bestimmt hat Papa den schon viel lieber als mich", schluchzt Jonas. „Ich glaube, dass das auch der Grund ist, warum Papa immer so spät nach Hause gekommen ist. Er hat mich oft angelogen. Viele Male stand ich lange am Fenster und habe auf ihn gewartet. Aber häufig hat er mich nicht abgeholt."

Ohne es zu merken, haben sich inzwischen sowohl Tom als auch
Mops Mampfred zu den beiden gesetzt und hören zu.

„Du bist ganz schön enttäuscht von deinem Papa und auch wütend auf ihn, oder?", erkundigt sich Tom. Jonas nickt nur traurig
mit dem Kopf, während die Tränen über sein Gesicht kullern.

„Jetzt kommen deine Tränen genau an der richtigen Stelle raus",
kichert Mampfred.

Jonas schaut Mampfred plötzlich ganz neugierig an. „Gibt es
denn auch falsche Stellen, wo Tränen rauskommen können?"

„Aber natürlich! Und zwar da, wo sonst nur dein Pipi raus-
kommt. Wenn du nachts Pipi in dein Bett machst, dann sind das

eigentlich deine Tränen. Weil du so traurig darüber bist, dass der Papa deine Familie verlassen hat", erklärt der Mops.

„Heißt das, ich mache nicht ins Bett, weil ich es nicht aushalten kann, sondern weil ich nachts weinen muss?", will Jonas aufgeregt wissen.

„Ganz genau, das hast du sehr gut beschrieben", bekräftigt ihn Mampfred. „Wenn Kinder wütend oder traurig sind, dann trauen sie sich manchmal nicht, das zu sagen. Dann weinen sie in sich hinein. So wie du hier im Gebüsch. Und die Tränen müssen einfach raus, egal, ob sie als dicke Tropfen aus deinen Augen kommen oder als Pipi auf deiner Matratze landen."

„Aber ich will gar nicht Pipi in mein Bett machen. Ich schäme mich so dafür", klagt Jonas.

„Du musst dich nicht schämen. Du hast doch nichts falsch gemacht. Wenn sich einer schämen muss, dann ist es dein Papa", ruft Mampfred. „Er war nicht ehrlich zu dir und hat dich und deine Mama enttäuscht. Und darüber bist du traurig. Dein Papa soll das aber ruhig sehen. Du darfst ruhig vor ihm weinen und dann wirst du auch nicht mehr nachts in dein Bettchen machen."

Jonas hat sich durch die bestimmten Worte von Mampfred beruhigt. Entschlossen schaut er den Mops an und verspricht ihm: „Ich werde von jetzt an Papa immer sagen, wenn ich traurig bin. Hoch und heilig versprochen!"

„Dann können wir ja jetzt spielen", ruft Stella erleichtert, und sie und Tom ziehen den schüchternen Jonas mit sich mit auf den Spielplatz. 🐾

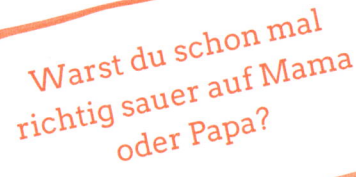

Warst du schon mal richtig sauer auf Mama oder Papa?

Magie, Magie
und Fantasie,
ich bin stark so wie noch nie,

Murmel Drops und Lollipops,
ich bin froh so wie ein Mops.

Eins, zwei, drei
und ich bin frei,
meine Angst
ist jetzt vorbei.

Die Sambabude

Ich bin gerade über etwas sehr glücklich, denkt Stella. Gummibärchen und Chips sind sehr lecker. Das weiß ich genau. Ich könnte die nämlich ständig essen.

Tom und Stella stehen vor ihrem Schulkiosk und schauen sich all die Leckereien an, die es gibt. Normalerweise ist der Kiosk in den Ferien geschlossen, aber als Belohnung für ihre Arbeit bekommen die Kinder von Herrn Bär immer eine gemischte Tüte mit Weingummis und leckeres Obst spendiert. Der Kiosk heißt Sambabude und wird von der Frau von Otto Bär geführt – Lola Bär. Sie ist ein bisschen verrückt. Wegen ihrer roten Haare sieht sie aus wie eine liebe Hexe. Deshalb ist das auch bei den Schülerinnen und Schülern ihr Spitzname. Hexe kann gut trösten und sie erzählt genauso tolle Geschichten wie ihr Ehemann. Wenn die Kinder ihr zuhören, fangen sie manchmal sogar mit offenen Augen an zu träumen. Danach sind alle ganz entspannt.

An der Sambabude lernen Stella und Tom in den Ferien immer mehr Kinder kennen. All die Kinder, die auch schon mal Angst hatten, können Mops Mampfred sofort sehen. Heute stehen Tom, Stella, Klara und Jonas zusammen an der Sambabude und essen Weingummis. Mops Mampfred fehlt natürlich auch nicht.

„Jetzt sind wir schon ganz schön viele Kinder, die Mampfred sehen können, oder?", fragt Klara.

„Ja", gibt Stella ihr recht, „das ist wie ein Geheimnis, das uns verbindet!"

Tom nickt zustimmend; er überlegt: „Wenn wir schon ein gemeinsames Geheimnis haben, wollen wir dann nicht eine Bande oder sowas gründen?" Die anderen schauen ihn erstaunt an, auf die Idee ist noch keiner von ihnen gekommen. Doch schnell sind sie Feuer und Flamme. „Ja, eine Bande, ein Geheimclub, tolle Idee!", rufen alle durcheinander.

„Dann brauchen wir auf jeden Fall einen coolen Namen", sagt Stella. Mampfred meldet sich zu Wort. „Wie wär's mit ‚Mops-Club'?" Die Kinder lachen. „Nee, das muss abenteuerlicher klingen", meint Tom. Mampfred wirft ihm einen beleidigten Blick zu. „Durch Mampfred sind wir doch unzertrennlich geworden, oder?", fragt Klara. „Das ist es!", ruft Stella. „Der Club der Unzertrennlichen!" Alle sind begeistert. „Und Mampfred ist dann unser Maskottchen", sagt Tom und nimmt den Mops auf den Arm. „Genau, ich werde für immer bei euch bleiben und euch beschützen", sagt Mampfred. Die Kinder legen sich die Arme um die Schultern und rufen: „Auf den Club der Unzertrennlichen!"

Dann müssen Stella und Tom wieder zurück an die Arbeit. Aber immer wenn die beiden bei ihrer Ferienarbeit eine Pause machen, spielen sie mit den anderen Kindern aus dem Club der Unzertrennlichen auf dem Schulhof. Sie fahren Fahrrad, spielen Tischtennis oder kümmern sich gemeinsam um den Schulgarten. Manche Kinder spielen auch einfach nur auf dem Abenteuerspielplatz. Dort gibt es große Klettergerüste, Schaukeln und riesige Röhren.

„Hallo Hexe, ähm … Entschuldigung, ich meine natürlich Frau Bär, können Sie mir sagen, wo die Nacht schläft?", hören Stella und Tom einen kleinen Jungen an der Sambabude fragen, während sie gerade den Hof fegen. Lola Bär freut sich und fängt laut an zu lachen: „Das ist eine wunderschöne Frage, Finn! Aber bevor ich dir

darauf antworte, sag mir doch mal, wie du auf diese Frage gekommen bist?"

„Ich kann oft nicht schlafen. Obwohl ich ganz müde bin. Dann gehen mir immer ganz viele Dinge durch den Kopf und da fiel mir diese Frage ein", erzählt Finn. „Ich mag es nicht, wenn es in meinem Zimmer dunkel ist, deswegen soll Mama im Flur immer das große Licht anlassen. Am liebsten würde ich jeden Abend zu

Mama und Papa ins Bett krabbeln, aber Mama schickt mich immer sofort zurück in mein eigenes Bett. Frau Bär, ich habe so große Angst vor dem Schlafengehen, vor der Nacht und vor der Dunkelheit."

„Was genau findest du denn so schlimm im Dunkeln?", fragt Frau Bär nach.

„Ich fühle mich ganz alleine und ich kann meine Eltern nicht sehen. Wenn ich meine Augen zumache, aber auch nicht, wenn ich sie aufmache. Und wenn ich nicht schlafen kann, dann kann die Nacht doch auch nicht schlafen, oder?", überlegt Finn. „Ich habe Mama und Papa schon oft gefragt, wo die Nacht schläft und wann sie schläft. Aber geantwortet haben sie mir noch nie."

„Weißt du was, Finn?", sagt Frau Bär. „Auch Erwachsene können manchmal nachts nicht schlafen."

„Woher wissen Sie das?", fragt der kleine Junge.

„Ich bin schon ganz lange erwachsen. Manchmal drehen sich die Gedanken im Kreis. Und manchmal ärgert man sich auch über Dinge, die man am Tag erlebt hat. Deshalb ist es eigentlich ganz gut, wenn du ab sofort immer sagst, wenn du dich über etwas ärgerst oder wenn dich jemand geärgert hat", rät Hexe. „Oft spürt man den Ärger zuallererst im Bauch. Es fühlt sich fast so an, als hättest du heimlich zu viel Süßigkeiten in dich hineingefuttert. Dann kann einem so richtig schlecht werden und man bekommt Bauchschmerzen."

Stella und Tom kichern: „Und Bauchschmerzen kennst du doch noch von damals, als der Mops Mampfred zum allerersten Mal auf deinem Bauch gesessen hat."

„Ihr redet über mich?" Mampfred verdreht seine großen Knopfaugen, „also wenn ich nicht schlafen kann, wüsste ich schon, was ich mache."

„Fressen natürlich!" schallt es wie aus einem Mund von den drei Kindern und Lola Bär.

„Aber wir sind keine Möpse", redet Stella weiter, „wir können nicht andauernd essen. Sonst werden wir irgendwann so kugelrund wie du."

„Danke, das ist aber nicht nett von euch", brummt Mampfred. „Ich sag euch mal, was ich mache, wenn mir etwas nicht passt oder ich mich ärgere. Auf keinen Fall behalte ich es für mich oder warte, bis es Nacht wird! Ich knurre sofort und zeige meinen Ärger." Mampfred schnaubt entrüstet.

„Manchmal behalte ich meinen Ärger auch für mich", kommt es leise von Stella. „Denn ich will auch nicht immer schlecht gelaunt sein", fügt sie hinzu.

Der Mops überlegt und sagt dann: „Aber wenn ihr es zu lange für euch behaltet, bekommt ihr Bauchschmerzen oder könnt nicht schlafen. Ich verrate euch ein Trick: Schlagt euren Eltern ein Spielchen vor, wenn sie euch abends ins Bett bringen. Ihr erzählt Mama und Papa dann euren Tag einfach mal rückwärts. Es kann sein, dass ihr dabei einschlaft, ohne es zu merken."

„Gute Idee!", finden die Kinder. „Das probieren wir gleich heute Abend aus."

Frau Bär ruft dazwischen: „Hey Mampfred, du musst den Kindern jetzt aber noch eine Frage beantworten. Wo schläft denn nun die Nacht?"

„Macht alle mal die Augen zu", fordert Mampfred. „Und was seht ihr?"

„Natürlich nichts. Es ist dunkel, du Witzbold, wie in der Nacht", ruft Tom.

„Aha! Dann ist es Nacht, wann ihr wollt. Und wenn ihr schlaft, dann schläft die Nacht bei euch. Wenn ihr nachts die Augen schließt und Mama und Papa nicht sehen könnt, sind die beiden trotzdem noch da. Die ganze Zeit", erklärt Mampfred. „Manchmal sind nachts der Mond und die Sterne hinter den Wolken versteckt und du kannst sie nicht sehen. Trotzdem sind sie immer da. Genauso ist es mit Mama und Papa", erzählt der kleine Mops weiter, „sie sind immer, immer, immer für euch da. Auch ich bin Tag und Nacht bei euch. Habt keine Angst vor der Nacht, sie tut euch nichts. Die Nacht hilft euch auszuruhen und zu schlafen, um ganz viel Kraft für den nächsten Tag zu haben. Zum Spielen und natürlich auch für die Schule."

„Und was für Kinder gut ist, das kann doch für Erwachsene nicht schlecht sein", lacht die Hexe Lola und gibt jedem Kind ein Gummibärchen in seiner Lieblingsfarbe. Niemand scheint gemerkt zu haben, dass sie den Mops auch sehen kann.

Hast du Lust, Mama oder Papa mal deinen Tag rückwärts zu erzählen?

Mariposa

Ich bin gerade über etwas sehr glücklich, denkt Stella. Schmetterlinge wiegen nichts. Das weiß ich genau. Ich habe schon mal einen auf der Hand gehabt. Und wenn sie fliegen, kann man sie nicht hören. Sie sind ganz leicht. So leicht, wie wenn die Sonne mit den Wimpern zuckt, als ob sie vom Licht geblendet sind und ihre Augen rot und gelb blinzelten. Schmetterlinge sind wie das Niesen des Regenbogens. Und ich habe gerade Schmetterlinge im Bauch, weil ich mich freue, mich gleich mit Tom zu treffen. Wir sind fast wie Geschwister, nur dass wir uns nicht so häufig streiten wie richtige. Stella lächelt wie immer, wenn sie an Tom denkt.

Stella und Tom liegen auf einer Wiese hinter der Schule. „Stella, warum gibt es eigentlich keine Bäume, die wie Vögel singen können?", fragt Tom plötzlich, „und warum gibt es nicht auch Vögel, die anstatt Eier Äpfel legen können?", fantasiert er weiter.

„Au ja, das wäre toll! Vielleicht können wir zusammen selbst so etwas erfinden?", schwärmt Stella weiter.

„Wie, erfinden?"

„Weißt du eigentlich, was so wunderschön ist wie eine Blume und gleichzeitig auch noch fliegen kann?"

„Ein Fußball?", lacht Tom.

„Nein, du Doofmann, ich meine es ernst!"

„Ich habe keine Ahnung."

„Dann sage ich es dir: Schmetterlinge! Schmetterlinge sind fliegende Blumen in tausend verschiedenen Farben. Es gibt Tagfalter und Nachtfalter."

„Ach ja? Und die können Tage und Nächte wirklich falten?"

„Nein, quatsch … im Marmorkuchen ist doch auch kein Marmor und im Hundekuchen keine Hunde. Schmetterlinge sind immer glücklich. Egal, wo sie hinfliegen oder landen. Schmetterlinge genießen das Leben jede Sekunde!", schwärmt Stella.

„Ach Stella, könnten wir nur wie Schmetterlinge sein. Dann wären wir auch immer glücklich", seufzt Tom.

„Das können wir doch! Ich habe eine Idee: Lass uns zum Mariposa gehen und uns als Schmetterlinge verkleiden!"

Das Mariposa ist der Friseur und Kosmetikladen mitten im Schwimmbad, wo Tom und Stella im Sommer oft die Nachmittage verbringen. Das Geschäft hat eine Spielecke für Kinder. Dort können Kinder spielen, während sich ihre Mütter die Haare frisieren lassen. In der Spielecke gibt es eine riesengroße Kostümkiste. Da sind unglaublich viele bunte Kostüme drin und es macht Stella und Tom viel Spaß, sich dort zu verkleiden und sich vor dem Spiegel zu bewundern. Man merkt dann gar nicht, wie schnell die Zeit vergeht. Stellas Papa hat ihr mal erzählt, dass sich Schmetterlinge auch verkleiden. Zuerst sind sie eine Raupe, dann verkleiden sie sich als Puppe und am Ende werden sie zu einem Schmetterling. Die Besitzerin vom Mariposa heißt übrigens Maria Posa. Mariposa bedeutet im Spanischen Schmetterling. Was ein wunderschöner Zufall!

Als Stella und Tom in Maria Posas Laden ankommen, hören sie schon von draußen, wie sich zwei Geschwister um ein Kostüm streiten.

„Gib mir das sofort her, du blöde Kuh, sonst lade ich dich nicht mehr zu meinem Geburtstag ein", schreit der Bruder die Schwester an.

„Dann feiere doch alleine, du Doofi", antwortet die Schwester schnippisch.

„Mampfred, warum müssen Geschwister immer nur so streiten?", will Stella vom Mops wissen.

„Geschwister spielen zusammen, aber sie streiten auch ab und zu. Das ist vollkommen normal. Eigentlich ist es auch ganz wichtig, denn so lernen sie ihre eigenen Grenzen und die Grenzen des anderen kennen", antwortet Mampfred, „zum anderen gehören Geschwister zu den wenigen Menschen, mit denen man sich auch richtig heftig streiten kann und die einen hinterher immer noch lieb haben. Man könnte auch sagen: Streiten verbindet!

Manchmal sind ältere Geschwister eifersüchtig auf die jüngeren. Manchmal auch zu Recht. Wenn Eltern mehrere Kinder haben, sollten sie auch mal mit jedem Kind etwas alleine unternehmen, damit sie Mama und Papa ganz für sich haben."

„Haben Mama und Papa uns denn immer gleich lieb?", fragen Stella und Tom nach. „Eltern lieben ihre Kinder zu unterschiedlichen Zeiten unterschiedlich stark", beruhigte sie Mampfred. „Und ihr könnt ganz sicher sein: Mama und Papa lieben euch sehr! Jeden Tag ein bisschen mehr!"

Ohne dass Mampfred es bemerkt hat, haben sich Stella und Tom in der Zwischenzeit als Schmetterlinge verkleidet.

„Ich habe ja gar nicht mitbekommen, wie ihr euch verwandelt habt", staunt Mampfred. „Ihr seht wunderschön aus!"

„Mampfred, komm mit uns nach draußen. Jetzt wollen wir auch wie Schmetterlinge durch die Gegend fliegen", rufen Stella und Tom aufgeregt. „Wie lernen wir zu fliegen?" „Es reicht, wenn ihr es euch einfach vorstellt. Was man sich vorstellen kann, kann man auch erreichen. Vertraut mir und euch selbst."

Als Stella, Tom und Mampfred Mops nach draußen kommen, um Schmetterling zu spielen, trauen sie ihren Augen nicht, was sie dort am Himmel sehen. Eine riesige Wolke aus bunten Schmetterlingen fliegt über Stella und Tom hinweg: Rote, blaue, gelbe, violette, grüne und weiße.

„Das sieht aus wie ein fliegender Regenbogen", schreit Stella vor Glück. Immer, wenn Mampfred den fliegenden Regenbogen anbellt, ordnen sich die Schmetterlinge neu an. Neue Farben, neue Muster, neue Formen.

„Es ist fast wie in einem Traum", staunen die beiden. Sie springen und hüpfen, lachen und rennen und fühlen sich selbst wie wunderschöne bunte Schmetterlinge.

„Wir können uns gar nicht satt sehen", sagt Stella.

„Und wir haben dich zum Fressen gern, Mampfred", ergänzt Tom.

„Nicht satt sehen? Zum Fressen gern haben? Das ist mein Stichwort. Jetzt gebt mir bitte sofort etwas zu fressen", grinst Mampfred, „bevor ich mich gleich auch noch in einen Schmetterling verwandle."

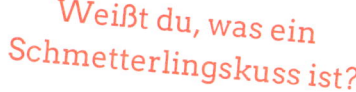

Weißt du, was ein Schmetterlingskuss ist?

Der geheimnisvolle Schlüssel

Heute holt Stella Tom ab und denkt auf dem Weg nach: Ich bin gerade über etwas sehr glücklich. Ich kann richtig gut reiten. Wenn ich auf dem Rücken von einem Pony sitze, fühle ich mich frei. Da vergesse ich alle doofen Sachen. Hausaufgaben, Ärger in der Schule, das ist dann alles nicht mehr wichtig, weil ich das Reiten so liebe. Sogar das Ausmisten macht mir Spaß, danach riecht es in der Box immer so gut nach frischem Heu und Stroh.

Als Stella bei Tom ankommt, hat sie immer noch den Geruch von Pferd und Stall in der Nase. „Hey Tom, was denkst du, was wir heute im Schulgarten machen sollen?", fragt sie ihren besten Freund. „Ich glaube Herr Bär hat irgendwas mit Unkraut jäten gesagt", überlegt Tom. Und tatsächlich: Als sie im Schulgarten ankommen, drückt ihnen Hausmeister Bär sofort kleine Harken in die Hand. „Aber keine Blumen ausreißen", mahnt Herr Bär, „ihr müsst immer schön aufmerksam sein."

Kurz darauf robben Stella und Tom auf Knien durch den Schulgarten. „Mama würde Augen machen, was ich hier alles freiwillig mache", lacht Stella. Zu Hause hat Stella eigentlich nie große Lust, Unkraut zu jäten oder den Garten zu rechen. Doch Tom hört Stella gar nicht richtig zu. „Hey Stella!", ruft er. „Komm mal her, ich bin mit meiner Harke auf irgendetwas Hartes im Boden gestoßen." Schnell richtet sich Stella auf und läuft zu Tom. Der zieht gerade etwas Metallisches aus der Erde. „Das ist

Magie, Magie und Fantasie,
ich bin stark so wie noch nie,

Murmel Drops und Lollipops,
ich bin froh so wie ein Mops.

Eins, zwei, drei und ich bin frei,
meine Angst ist jetzt vorbei.

ja ein Schlüssel!", ruft Stella aufgeregt. Der Schlüssel ist etwas größer als ein gewöhnlicher Haustürschlüssel. Er sieht aus, als hätte er schon eine ganze Weile in der Erde gelegen. Eingraviert ist die Zahlenkombination 1297. Stella und Tom begutachten ihren Fund staunend.

„Ich glaube, so einen Schlüssel habe ich schon mal irgendwo gesehen", hören sie plötzlich eine Stimme. Stella und Tom drehen sich um und sehen, dass die Stimme einem Mädchen gehört, das vor dem Tor des Schulgartens wartet. Da erkennt Tom, dass es sich um Luisa handelt, ein Mädchen aus ihrer Parallelklasse, das im Rollstuhl sitzt. Deswegen haben Stella und Tom sich noch nie so richtig getraut, mit ihr zu reden oder sie zum Spielen einzuladen. „Könntet ihr mir vielleicht das Tor aufmachen?", bittet Luisa sie. Stella eilt zum Tor und Luisa rollt hindurch. „Darf ich den Schlüssel mal genauer anschauen?", fragt Luisa. „Klar", Tom legt Luisa den Schlüssel in die Hand. Mittlerweile ist auch Mampfred aufgetaucht, er will sich nicht entgehen lassen, was Luisa zum Schlüssel zu sagen hat.

„Ja, ich glaube, ich kenne solche Schlüssel wirklich", sagt Luisa nachdenklich. „Im Konzerthaus der Stadt gibt es im Keller ganz alte, riesige Schränke", erzählt Luisa. Tom und Stella sind so gespannt, dass sie ganz vergessen, dass Luisa im Rollstuhl sitzt, sie achten nur noch auf ihre Erzählung. „In den Schränken im Keller sind Kostüme von alten Theateraufführungen aufbewahrt, die Schlüssel dort sehen genauso aus." Tom sagt: „Da könnten wir ja mal ausprobieren, ob der Schlüssel zu einem Schrank passt." „Das Problem ist nur, dass man nicht ohne Erlaubnis in das Konzerthaus darf, oder?", wirft Stella ein. Doch Luisa beruhigt die beiden: „Das lasst mal meine Sorge sein, heute Abend findet ein großer Musikwettbewerb statt, zufällig kann ich euch Freikarten besorgen." Stella und Tom sind begeistert. „Also dann bis heute Abend, es geht um 20 Uhr los", sagt Luisa und will gerade ihren Rollstuhl wenden. Doch Stella berührt Luisa an der Schulter und hält sie auf. „Darf ich dich mal was fragen?" „Klar", antwortet Luisa. „Kannst du eigentlich schon seit deiner Geburt nicht laufen oder wie ist das passiert?"

Luisa guckt auf den Boden, sie erzählt nicht so gerne von ihrer Behinderung. Doch Mops Mampfred hüpft ihr auf den Schoß und gibt Luisa einen Stups. „Also gut", beginnt Luisa, „bis zu meinem fünften Lebensjahr konnte ich alles ganz normal machen. Doch dann bin ich mit meinen Eltern in die Schweiz in den Urlaub gefahren. Und dann …", sie holt tief Luft, „dann war da ein rotes Auto, es kam viel zu schnell auf uns zu und hat unser Auto seitlich getroffen. Mama und Papa hatten nichts außer ein paar Knochenbrüche. Aber meine Beine hat es schlimm erwischt. Naja, seitdem sitze ich im Rollstuhl." Sie fährt fort. „Dass ich nicht laufen kann, ist nicht das Schlimmste. Davor hatte ich viel mehr Freunde. Jetzt wissen viele nicht, wie sie mit mir umgehen sollen. Aber mit mir kann

man spielen wie mit
jedem anderen Kind!
Nur das ich eben nicht
laufen kann." Stella
und Tom nicken sich
zu. „Vielleicht kannst
du ja morgen auch in
den Schulgarten kom-
men und wenn Stella und
ich Pause haben, spielen wir
zusammen", schlägt Tom vor.
„Gern", sagt Luisa, „aber jetzt
erstmal bis heute Abend!"

Tom und Stella ha-
ben sich für die Kon-
zerthalle feingemacht.
Sogar Mampfred trägt
eine rote Fliege um den

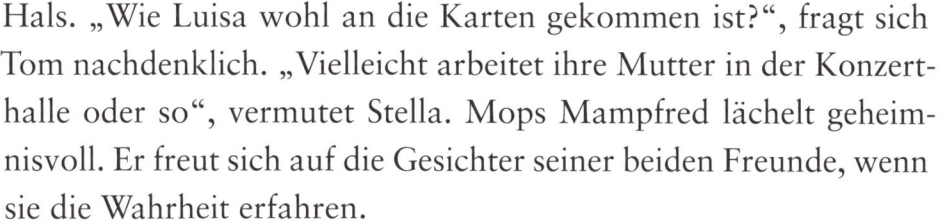

Hals. „Wie Luisa wohl an die Karten gekommen ist?", fragt sich
Tom nachdenklich. „Vielleicht arbeitet ihre Mutter in der Konzerthalle oder so", vermutet Stella. Mops Mampfred lächelt geheimnisvoll. Er freut sich auf die Gesichter seiner beiden Freunde, wenn
sie die Wahrheit erfahren.

Mucksmäuschenstill ist es in der Konzerthalle. Der Vorhang
hebt sich, alle Blicke richten sich auf ein großes, schwarz-glän-
zendes Klavier. Da fährt ein Mädchen im Rollstuhl auf die Bühne.
„Luisa!" Tom und Stella sitzen mit offenen Mündern da. Luisa bewegt sich zum Klavier, schließt die Augen und beginnt zu spielen.
Sie spielt einfach wunderbar. Ihre Melodien berühren die Zuhörer.
Stella kriegt eine Gänsehaut. „Na, sowas!", denkt sie, dann lässt

sie sich von der Musik davontragen. Nach Luisa treten noch andere Kinder auf. Stella und Tom hören und sehen, wie Kinder auf dem Cello, der Querflöte und sogar auf der E-Gitarre ihr Stück vorspielen. Doch keiner ist so gut wie Luisa. Unter großem Applaus wird sie zur Gewinnerin des Musikwettbewerbs gekrönt.

Später sind Tom, Stella und Mampfred auf dem Heimweg. Gemeinsam mit Luisa haben sie zuvor den Schlüssel ausprobiert. Leider hat er nicht gepasst, doch an diesem Abend kann nichts die Laune der Kinder trüben. Sie sind von oben bis unten voll mit wunderschöner Musik. „Das hättet ihr nicht gedacht, oder?", fragt Mampfred. Die Kinder schütteln den Kopf. „Daran könnt ihr sehen, dass man bei Menschen mit Behinderung nicht nur auf diese Besonderheit oder den körperlichen Nachteil achten soll. Genau wie ihr beide, haben diese Menschen ja auch ganz viele verschiedene Eigenschaften und Talente", sagt Mampfred. „So wie bei mir das Reiten und bei Tom das Fußball spielen", sagt Stella. „Genau, es ist immer wichtig, das Gesamtpaket zu sehen. Viele sind bei Menschen wie Luisa eingeschüchtert und verhalten sich anders. Das ist aber gar nicht nötig. Viel besser ist es, zu sehen, was diesen Menschen noch ausmacht. Was er besonders gut kann. Das konntet ihr ja heute Abend bei Luisa sehen."

Was kannst du, was andere nicht können?

Die magischen Murmeln

Magie, Magie und Fantasie,
ich bin stark so wie noch nie,

Murmel Drops und Lollipops,
ich bin froh so wie ein Mops.

Eins, zwei, drei
und ich bin frei,

meine Angst
ist jetzt vorbei.

Ich bin gerade über etwas sehr glücklich, denkt Stella. Geschenke sind etwas ganz Tolles. Das weiß ich genau. Ich freue mich nämlich immer, wenn ich etwas geschenkt bekomme. Was ich mir ganz besonders wünsche, ist ein eigenes Pferd. Und ein ganz kleines bisschen wünsche ich mir auch ein eigenes Handy, seufzt Stella in sich hinein.

Tom und Stella sind mal wieder auf dem Schulhof. „Das sind ja klasse Schulferien! Kein Reiterhof, kein Fußballcamp, nur dieser Schlüssel, den Tom und ich im Schulgarten gefunden haben. Zu einem Pferdestall wird der wohl nicht gehören!", meckert Stella.

„Hey, jetzt hör endlich auf zu schmollen", reagiert Tom genervt. „Ich finde es ja auch doof, dass wir nicht in den Urlaub fahren können. Aber jetzt lass uns doch aus den Ferien das Beste machen. Was hältst du denn davon, wenn wir Rosa Kiki einmal fragen, ob sie vielleicht weiß, woher der Schlüssel kommt?"

„Ja gut, von mir aus, wir haben ja eh nichts Besseres zu tun", antwortet Stella. „Dann lass uns zu ihr gehen."

Frau Kiki ist an der Schule eigentlich Lehrerin für Kunst und Musik. Sie gibt den Schülern Nachhilfe, betreut die Schulgarten-AG, züchtet Obst, Gemüse und Blumen und bringt den Kindern viel über die Natur bei. Sie liebt Schmetterlinge, Rosen und Orchideen. Frau Kiki trägt fast nur rosa Kleidung. Ganz oft sagt sie „Rosa ist die Farbe der Seele". Wegen ihrer Lieblingsfarbe nennen sie die Schüler daher alle fast immer Rosa Kiki.

„Können Sie uns vielleicht sagen, wem dieser Schlüssel gehört?", wollen die Kinder von Rosa Kiki wissen. „Das scheint ein sehr alter Schlüssel zu sein", überlegt Rosa. „Ich weiß nicht, wohin er gehört. Ich kann mich aber daran erinnern, dass ich mal in einer alten Schulzeitschrift eine Geschichte gelesen hab. In der kam auch ein geheimnisvoller Schlüssel vor. Am besten, ihr fragt mal unseren Hausmeister Herrn Bär. Da er schon eine kleine Ewigkeit an unserer Schule ist, kennt er jeden Winkel ganz genau."

„Oh ja, das machen wir, vielleicht kann er uns helfen", antwortet Stella.

Dann erzählt Rosa Kiki den beiden, dass ihr noch eine Sache eingefallen ist, die sie damals in einem alten Schülermagazin gelesen hat. „Vor vielen Jahren ist an unserer Schule mal ein Beutel mit magischen Murmeln verschwunden."

„Magische Murmeln?", staunt Stella. „Was können die denn?"

„Sie können helfen, über Ängste hinwegzukommen", erklärt Rosa Kiki.

Stella und Tom zittern fast vor Aufregung. Sie schauen sich an und machen sich ohne ein Wort zu verlieren sofort auf den Weg zum Hausmeister, um ihn nach den magischen Murmeln zu fragen.

Auf dem Weg dorthin, sehen sie von weitem Louis, der gerade mit seinem Handy beschäftigt ist. „Guck mal Stella, da vorne ist Louis mit seinem Handy. Vielleicht kann er uns das kurz leihen. Dann können wir mal im Internet nachschauen, ob wir den Bericht finden, von dem Rosa Kiki gesprochen hat." Bei Louis angekommen fragt Tom sofort: „Hey Louis, dürfen wir mal kurz dein Handy haben? Wir würden gerne nur kurz etwas nachschauen und dann bekommst du es sofort wieder."

Louis schüttelt seinen Kopf. „Ernsthaft? Ihr glaubt doch wohl nicht, dass ich euch beiden mein cooles Handy gebe! Ihr verbraucht dann mein Datenvolumen und ich habe nur noch wenig Akku."

„Dann behalte dein blödes Handy doch für dich", schimpft Stella, „du wirst schon sehen, was du davon hast. Wir fragen Herrn Bär, der weiß sowieso viel mehr als dein albernes Handy!"

Sauer gehen die Kinder nun zu Herrn Bär. Sie halten ihm auffordernd den Schlüssel vor die Nase. „Können Sie uns vielleicht helfen herauszufinden, zu welchem Schloss dieser Schlüssel gehört?" Herr Bär murmelt etwas vor sich hin und nimmt den Schlüssel in seine Hand. „Ich glaube, ich habe da eine Idee. Muss aber selbst nochmal überlegen. Kommt morgen wieder. Vielleicht verrate ich euch dann ein kleines Geheimnis."

Total aufgeregt und gespannt verabschieden sich Stella und Tom vom Hausmeister und gehen den Weg zurück über den Schulhof. Wild diskutieren sie miteinander, was Herr Bär ihnen erzählen wird. Plötzlich sehen sie Louis vor sich, der in Tränen aufgelöst ist. „Na, Louis", ruft Tom zu ihm rüber, „musst du jetzt heulen, weil der Akku von deinem coolen Handy leer ist?"

„Nein, viel schlimmer. Mir ist mein Handy vorhin runtergefallen und genau durch den Gullydeckel gerutscht. Es ist ehrlich gesagt gar nicht mein Handy. Ich habe mir das Handy von meinem Papa geliehen. Jetzt bekomme ich großen Ärger."

„Verdient hättest du es schon", sagt Stella ernst. „Du warst nämlich vorhin total fies zu uns, obwohl wir dich ganz nett gefragt haben. Aber wir wollen ja mal nicht so sein und helfen dir."

„Ist das da euer Hund? War der vorhin auch schon da?", fragt Louis plötzlich erstaunt.

„Erstens, das ist kein Hund, das ist ein Mops", grinst Tom. „Zweitens, der war zwar vorhin schon da, aber da konntest du ihn noch nicht sehen. Erst jetzt, weil du Angst hast, kannst auch du ihn sehen. Nur Kinder, die Angst haben, können Mops Mampfred sehen", erklärt Stella dem verwirrten Louis. „Jetzt hör auf zu weinen", bestimmt Tom, „wir werden dein Handy schon wieder holen." Da knurrt der Mops: „Ihr habt aber ein Glück, dass ich da bin und euch helfe, das Handy wiederzubekommen."

Gemeinsam schaffen sie es, den Kanaldeckel hochzuheben.

„Ihh! Das stinkt vielleicht", schüttelt sich Mampfred und hält sich mit einer Pfote die Nase zu. Ehe die drei Kinder sich versehen, springt der mutige Mops mit einem Satz nach unten. Obwohl es stockdunkel ist, findet Mampfred das Telefon und nimmt es vorsichtig in sein Maul. Mit einem großen Satz hüpft er wieder aus dem Schacht und landet neben den Kindern. Er legt das Handy vorsichtig vor Louis auf den Boden. Mampfred schüttelt sich und rügt Louis: „Das war vorhin hundsgemein von dir, dass du dein Handy nicht mit Stella und Tom geteilt hast. Du kannst echt froh sein, dass die beiden so tolle Menschen sind und dir geholfen haben, damit du keinen Ärger zu Hause bekommst."

„Ja, das tut mir leid", entschuldigt sich Louis ganz leise und hält Stella, Tom und Mampfred eine große Tüte Weingummi hin, um sie mit ihnen zu teilen. „Danke, dass ihr mir geholfen habt. Das war echt lieb von euch. Ohne eure Hilfe hätte ich das nicht geschafft." Mampfred, der das alles beobachtet, erklärt weise: „Wer im Leben von Herzen schenkt und Wertschätzung lernt, der bekommt alles, was er gibt, irgendwann hundertfach vom Leben zurückgeschenkt."

Die Kinder schauen ihn ganz ehrfürchtig an.

„Kleine Geschenke erhalten die Freundschaft", lacht Mampfred und wedelt dabei mit seinem kleinen Ringelschwänzchen. „Und jetzt dürft ihr mir zu Belohnung ruhig mal ein Leckerchen schenken."

Wem hast du
schon mal geholfen?

Mutig in den dunklen Keller

Ich bin gerade über etwas sehr glücklich, denkt Stella. Mut tut gut. Das weiß ich genau! Ich habe mich nämlich einmal was ganz Mutiges getraut. Ich habe eine Spinne nach draußen transportiert. Die achtbeinige Jagdspinne hat sich in mein Kinderzimmer verirrt. Sie sah riesengroß aus und war ganz haarig. Sie war auch ganz schnell. Auf einmal kam sie genau auf mich zu gerannt. Sofort habe ich ein Glas über sie gestülpt und vorsichtig ein Stück Pappe zwischen Boden und Glasöffnung geschoben. Dann habe ich die Spinne nach draußen getragen.

Am nächsten Tag im Schulgarten redet Stella aufgeregt auf Tom ein. „Lass uns endlich zum Hausmeister Bär gehen. Wir müssen doch noch herausfinden, was mit dem geheimnisvollen Schlüssel ist", forderte Stella ganz ungeduldig. „Au ja! Das machen wir", antwortet Tom.

Herr Bär erzählte Stella und Tom, dass es ganz unten im Keller der Schule einen großen Raum gebe, in welchem ganz alte Schränke, Kisten und Möbel aufbewahrt werden und dass der Schlüssel vielleicht zu einem der Schlösser dort passen könnte. „Aber seid bitte vorsichtig, wenn ihr runter geht. Es ist stockdunkel da unten und ich habe die Lampen nicht repariert, weil dort seit Jahren niemand mehr reingeht. Aus dem Keller hört man auch immer wieder Geräusche. Vielleicht sind es Mäuse

Magie, Magie
und Fantasie,
ich bin stark so wie noch nie,

Murmel Drops und Lollipops,
ich bin froh so wie ein Mops.

Eins, zwei, drei
und ich bin frei,
meine Angst
ist jetzt vorbei.

oder sogar Fledermäuse", spekuliert der Hausmeister und zwinkert Stella und Tom zu. „Also, ich würde mich da nicht reintrauen, mir wäre das zu gruselig."

Weil es im Keller so dunkel ist, können Stella und Tom kaum etwas sehen. Im Schein ihrer Taschenlampe erzeugt jede Kiste, jeder Schrank und jeder Vorsprung gruselige Schatten. „Hoffentlich flattert nicht eine Fledermaus an uns vorbei", flüstert Stella.

Stella und Tom tasten sich weiter durch den dunklen Raum. Plötzlich hören sie eine dunkle Stimme: „Lasst jetzt mal den Fachmann ran!" Erst erstarren beide vor Schreck, dann erkennen sie, dass es die Stimme von Mops Mampfred ist und lachen erleichtert auf. „Schließlich können Möpse im Dunkeln noch viel besser hören und riechen als Menschen. Selbst wenn wir nicht viel sehen, sind wir nicht solche Blindfische wie ihr beiden."

Tom nimmt den Mops auf den Arm und spürt, wie kuschelig warm und weich sein Fell ist. Mampfred schnurrt ganz behaglich und beginnt sogar, ein wenig zu schnarchen. Stella leuchtet kurz mit ihrer Taschenlampe auf die beiden und fängt an zu lachen. „Das sieht aus, als hättest du eine dicke Katze auf deinem Arm!"

Mampfred schnaubt verächtlich und springt betont würdevoll auf den Boden zurück. Angeberisch dreht er sich zu den Kindern um und fragt: „Habe ich euch eigentlich erzählt, dass ich vor ein paar Jahren schon einmal hier unten war?", fragt Mampfred.

„Nein", kommt es wie aus einem Mund von Stella und Tom. „Was hast du denn hier gemacht?", wollen die beiden neugierig wissen.

„Das war ein ganz aufregender Tag. Nach der Schule wurden alle Kinder abgeholt, und als die Mutter von Leon da war, war er plötzlich verschwunden. Keiner wusste, wo er war. Die Aufre-

gung war groß. Überall wurde nach ihm gesucht. Die Mutter hatte große Angst, dass etwas Schlimmes passiert sein könnte." Gebannt verfolgen Stella und Tom die Geschichte. Der Mops, der die Aufmerksamkeit genießt, fährt fort: „Da Leon große Angst hatte, bin ich aufgetaucht. Er hatte sich hier unten in einem der Kellerräume versteckt. Ich hab mich zu Leon gesetzt und gefragt, warum er weint. Er erzählte mir, dass seine Mutter ihn heute von der Schule abholen wollte, um danach in ein neues Haus zu fahren. Ohne es Leon zu sagen, hatten die Eltern in der Nachbarstadt ein neues Haus gekauft. Als Leon davon erfuhr, bekam er große Angst, dass er durch den Umzug alles verlieren würde: Sein Zimmer, seine Spielsachen, seine Meerschweinchen und seine Freunde. Leon erzählte mir, dass seine Mama bei der Polizei arbeitet und nun eine neue Stelle in der anderen Stadt bekommen hat. Aus diesem Grund müsste die Familie umziehen.

Er war in diesem Augenblick untröstlich und fühlte sich mutterseelenalleine auf der Welt. Er hatte gar nicht richtig bemerkt, dass ich mich inzwischen ganz eng an ihn gekuschelt hatte. Während er mir das erzählte, wurde er immer wütender. Am liebsten hätte er ganz laut geschrien, um die Entscheidung von seinen Eltern rückgängig zu machen. Ich kann euch sagen, dass Schreien für Kinder ganz gut ist. Schreien verhindert nämlich, dass der Schmerz tiefer in sie eindringt.

Da Leon sich aber nicht getraut hat zu schreien, fing ich an so laut ich konnte zu bellen.

Schon bald hörten wir Schritte auf der Treppe. Leons Mutter, und auch ein paar Schüler und Lehrer kamen angerannt. Sie hatten mein Bellen gehört und waren erleichtert, Leon gefunden zu haben. Alle stürzten sich auf ihn, so als ob er gerade auf dem Fußballplatz ein Traumtor geschossen hätte.

Weißt du was, Leon, sagte seine Mama, du brauchst wirklich nicht traurig zu sein, dass wir umziehen, so weit ist die neue Stadt ja nicht entfernt. Und wenn du dich traust, dann kannst du ja alleine mit dem Bus oder mit dem Zug fahren und erst mal weiter hier auf deine alte Schule gehen und deine Freunde treffen.

Der Jubel, der dann ausbrach, war unvorstellbar."

Stella und Tom haben Mampfred so gebannt zugehört, dass sie ganz vergessen haben, nach dem passenden Schloss für ihren Schlüssel zu suchen. Stattdessen hat sie Mampfred in der Zwischenzeit wieder nach oben auf den Schulhof geführt.

„Mutige Eltern haben mutige Kinder", kichern Stella und Tom, „und jetzt kannst du was erleben, wenn wir dich kriegen, du kleiner Flohzirkus, dann machen wir aus dir einen Rollmops." Beide rennen so schnell sie können hinter Mampfred her, um ihn zu fangen. „Ihr seid doch so langsam, ihr könnt noch nicht einmal Schnecken fangen", brummt Mampfred vor Vergnügen und streckt den Kindern die Zunge heraus. 🐾

Bist du schon mal vom 3-Meter-Brett gesprungen?

Die alten Schulhefte

Ich bin gerade über etwas sehr glücklich, denkt Stella. Ferien sind toll. Das weiß ich genau. Ich kenne nämlich kein Kind, das wirklich gerne zur Schule geht. Das Schönste an der Schule sind immer die Ferien. Naja, manchmal können die Ferien auch doof sein. Nämlich dann, wenn man nicht wegfahren kann und zu Hause bleiben muss. Aber so schlimm ist das auch wieder nicht, vor allem, wenn es trotzdem Spannendes zu erleben gibt.

Stella weiß, wovon sie redet, denn sie arbeitet mit ihrem Freund Tom in den Ferien für den Hausmeister, Herrn Bär. Das ist gar nicht so langweilig wie die beiden zuerst gedacht haben. Tom und Stella erleben dabei jeden Tag etwas Neues.

Magie, Magie und Fantasie, ich bin stark so wie noch nie,

Murmel Drops und Lollipops, ich bin froh so wie ein Mops.

Eins, zwei, drei und ich bin frei, meine Angst ist jetzt vorbei.

Besonders spannend sind immer die Geschichten, die der Hausmeister ihnen erzählt. Vor ein paar Tagen haben die Kinder beim Spielen einen geheimnisvollen Schlüssel im Schulgarten gefunden. Herr Bär hat ihnen erzählt, dass er vielleicht zu einem der Schränke ganz unten im Schulkeller gehört. Er hat ihnen erlaubt, dass sie ab und zu dort stöbern dürfen, wenn sie mit ihrer Arbeit im Schulgarten fertig sind.

Als sie zum ersten Mal hineingegangen sind, war alles dunkel und unheimlich, aber inzwischen hat der Hausmeister die Lampen repariert. Heute wollen Tom und Stella mal wieder auf die Suche gehen. Sie hoffen, dass sie vielleicht den Schrank oder die Truhe

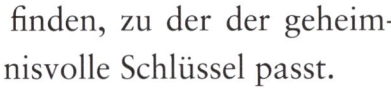

finden, zu der der geheimnisvolle Schlüssel passt.

Tom rupft Unkraut im Schulgarten. Er wischt sich den Schweiß von der Stirn und dreht sich zu Stella um, die gerade mit einer sehr hartnäckigen Pflanze kämpft: „Hey Stella, wenn wir heute eine Pause machen, können wir uns bei der Hexe und ihrer Sambabude eine Tüte Süßes holen." Stella legt erschöpft eine Pause ein. Bei dem Gedanken an Süßes leuchtet ihr Gesicht auf: „Au ja, Tom, das ist eine gute Idee. Aber lass uns erst in den Schulkeller gehen und weiter nach dem passenden Schloss suchen."

Zusammen mit Mampfred gehen die beiden nach unten in den Schulkeller, der nun beleuchtet ist. Erst jetzt sehen sie, dass es einen langen Flur und viele Türen gibt. „Wow!", ruft Tom ungläubig. „Glaubst du wirklich, dass wir bei den vielen Räumen überhaupt etwas finden werden?" „Ja, klar! Du musst positiv denken!", muntert Stella ihn auf. „Es gibt immer etwas zu finden und zu entdecken, wenn man neugierig ist!" „Nur Futter werden wir hier wohl nicht finden", knurrt Mampfred. „Du und dein Fressen!", verdreht Stella die Augen und lacht dabei. „Bei Möpsen ist das eben so!", sagt Mampfred und muss auch lachen.

„Leute, kommt schnell her und seht, was ich entdeckt habe", ruft Tom aufgeregt. „Hast du das passende Schlüsselloch für unseren Schlüssel gefunden?", will Stella wissen. „Nein, viel besser! Schaut mal hier die alte Kiste. Was da wohl drin ist?"

Als die Kinder den Deckel der Kiste öffnen, wird Mampfred von einer Staubwolke eingehüllt. Die beiden finden in der Kiste lauter Schulhefte und Aufsätze von Kindern, die einmal auf ihre Schule gegangen sind.

„Gib mal her", sagt Tom, „ich lese euch vor, was hier drin steht." Stella reicht ihm eins der alten Schulhefte und Tom beginnt zu lesen:

Aufsatz

Ich hatte mal eine beste Freundin. Wir haben alles zusammen gemacht. Eigentlich waren wir unzertrennlich. Bis zu dem Tag, als ich mit meinen Eltern in eine andere Stadt gezogen bin. Eine Zeit lang konnte ich noch in meinen alten Kindergarten gehen, aber als die Ferien zu Ende waren, musste ich in die Grundschule und dort kannte ich niemanden. Manchmal musste ich schon morgens weinen, wenn ich beim Frühstück saß und an die Schule gedacht habe. Meine Freundin hat dort einfach gefehlt. Meine Eltern waren ganz lieb, aber ich glaube sie haben gar nicht richtig verstanden, wie es mir ging.

„Manchen Kindern fällt es schwer, den Kindergarten zu besuchen oder zur Schule zu gehen. Und ein Umzug macht das nicht unbedingt leichter. Es ist doch völlig klar, dass man seine besten Freundinnen und Freunde vermisst, die Nachbarn die Tanten, Oma und Opa und das eigene Zimmer", sagt Mampfred verständnisvoll.

Stella unterbricht Mampfred: „Aber was sollen wir denn machen, wenn so etwas passiert? Da sind zu allem Überfluss noch die blöden Jungs, die einen immer ärgern und schubsen." „Und auch die doofen Mädchen, die einen nicht als Freund haben wollen und einen immer kneifen", fügt Tom hinzu.

„Deshalb gibt es ja Schnuppertage", sagt Mampfred. „Da kann man vorab alles kennenlernen. Den Kindergarten oder die Schule, die Räume, und natürlich auch die Erzieherinnen und Lehrer. Aber vor allen Dingen kann man an diesen Schnuppertagen auch die anderen Mädchen und Jungs kennenlernen."

„Aber die wissen doch gar nicht, wie wir wirklich sind. Das sind doch am ersten Tag noch nicht unseren besten Freunde", sagt Tom.

„Da hast du vollkommen Recht", stimmt Mampfred ihm zu. „Ja, man sieht zuerst immer nur das Äußere, und nicht was sich dahinter verbirgt – wie wenn ihr euch zum Beispiel zu Karneval verkleidet."

„Das ist es!", quietscht Stella auf einmal vor Glück. „Jetzt habe ich eine Idee! Jeder verkleidet sich doch gerne. Nicht nur an Karneval. Auch einfach mal so, zu Hause. Oder wenn wir im Mariposa sind, dann machen wir das doch auch einfach nur so, aus Spaß. Wie wäre es denn, wenn sich alle Kinder am ersten Tag im Kindergarten und in der Grundschule verkleiden würden?"

„Tolle Idee, Stella!", kommt es begeistert von Tom. „Wir können doch mal mit Maria Posa sprechen. Vielleicht kann sie mit ihrer großen Kiste und den ganzen Kostümen zum ersten Schultag kommen, wenn die Erstklässler eingeschult werden?"

Stella grinst stolz: „Lass uns gleich zu Rosa Kiki gehen und auch Herrn Bär von unserer Idee erzählen, vielleicht können wir das ja für den ersten Schultag nach den Ferien organisieren."

„Das ist eine gute Idee!", staunt Mampfred. „Der Schnuppertag im Kindergarten und in der Schule kann auch zu einem Kostümtag gemacht werden. Oder zu einem Motto-Tag. Die Klassen oder Gruppen haben doch sowieso immer schöne Namen: Blümchengruppe, Hasengruppe … Das würde gut passen. Kinder haben ganz viel Spaß, wenn sie sich verkleiden. Das nimmt ihnen die Nervosität. Dann ist der erste Tag im Kindergarten und der erste Tag in der Schule ein ganz besonderer Tag, an dem man sein Lieblingskostüm anziehen darf. Das ist wirklich eine tolle Idee von euch. Und wer Geburtstag hat, darf dann auch das Motto bestimmen und alle müssen sich danach richten und verkleiden."

„Und ich darf als Erster das Motto für den Kostümtag bestimmen", fordert Tom und kann es gar nicht abwarten, laut auszurufen: „Der Fuchs ist schlau und stellt sich dumm, bei Lehrern ist das andersrum." Stella, Tom und Mampfred müssen so laut lachen, dass sie ganz vergessen, weiter nach nach dem passenden Schloss für ihren Schlüssel zu suchen. 🐾

Als was würdest du dich gerne mal verkleiden?

Schutzengel Mampfred

Ich bin gerade über etwas sehr glücklich, denkt Stella. Lachen macht Spaß. Das weiß ich genau. Es ist so cool, Witze zu erzählen. Ich glaube, ich lache über hundert Mal am Tag. Und einmal bin ich sogar nachts wach geworden, weil ich so einen witzigen Traum hatte, dass ich lachen musste.

Tom und Stella befinden sich wieder mal an ihrem Lieblingsort: Im Schulgarten, wo sie in den Ferien aushelfen. Stella zieht gerade ein paar Plastikbecher aus dem Gebüsch. Tom wartet schon ganz ungeduldig auf sie, denn er möchte wieder in den Schulkeller. Dort will er nach dem Schloss suchen, zu dem der Schlüssel passt, den sie vor einiger Zeit gefunden haben.

Magie, Magie und Fantasie,
ich bin stark so wie noch nie,

Murmel Drops und Lollipops,
ich bin froh so wie ein Mops.

Eins, zwei, drei
und ich bin frei,

meine Angst
ist jetzt vorbei.

„Tom, geh doch mal runter in den Schulkeller und fang schon alleine an zu suchen. Ich komme gleich!"

Tom springt fröhlich davon und Stella bleibt alleine im Schulgarten.

„Na? Was machst du denn da?", hört sie plötzlich eine unbekannte Stimme hinter sich. Als sie sich umdreht, sieht sie einen fremden, großen Mann, der sich über den Zaun des Schulgartens beugt. „Nicht schlecht!", lobt er, als er sieht, wie viel Müll Stella aufgeräumt hat. Stella schweigt verunsichert, denn sie kennt den Mann nicht. „Dein Garten ist wirklich wunderschön. Wenn du deinen Garten so liebevoll pflegst, dann hast du doch bestimmt auch ein eigenes Haustier, um das du dich kümmerst?", fragt der Fremde. Stella schüttelt den Kopf. Der Mann erzählt: „Ich habe gerade ein paar Hundebabys, die sind noch ganz jung. Ich habe sogar ein Foto von den Welpen dabei", sagt der Mann und zieht ein Foto aus seiner Jackentasche. Gleichzeitig will er die Tür zum Schulgarten aufmachen. „Sie dürfen hier nicht reinkommen", versucht Stella ihn aufzuhalten, „Sie müssen zuerst unseren Hausmeister fragen, der wohnt da drüben und Sie können an seiner Tür klingeln." Sie zeigt auf die Wohnung von Herrn Bär. Der Mann hält kurz inne, geht dann aber nicht zum Hausmeister, sondern redet weiter mit Stella. „Danke für die Info. Du kannst dir ja schon mal das Foto von meinen Hunden ansehen. Ich kann sie leider nicht behalten, weil meine Tochter gegen Hundehaare allergisch ist. Ihr läuft immer die Nase und ihre Augen brennen."

„Ja, ich weiß!", sagt Stella, „meine Freundin hat das auch, sie ist gegen Katzenhaare allergisch."

„Meine Tochter ist genauso alt wie du, und ich habe die Welpen bei uns zu Hause. Jetzt suche ich jemanden, der einen Welpen haben möchte. Hast du vielleicht Lust, dir die Welpen mal anzusehen?", fragt der fremde Mann. „Nein, ich darf keinen Hund haben, sagen meine Eltern", antwortet Stella. „Schade", sagt der Mann und steckt das Foto wieder ein. „Ich habe Angst, dass die kleinen Welpen im Keller krank werden, weil es dort so kalt ist."

„Sind die Welpen ganz alleine?", will Stella wissen. „Wo ist denn die Mama der Welpen?" Ohne zu antworten, geht der Mann ein paar Schritte zurück. „Komm doch mit, ich wohne hier gleich um die Ecke. Wenn du die Welpen besuchst, sind sie ja nicht mehr alleine", sagt er.

In diesem Augenblick springt Mampfred an Stellas Bein hoch und bellt wie verrückt. „Stella! Du darfst auf gar keinen Fall mitgehen! Du kennst den Mann doch gar nicht! Geh niemals mit Fremden mit!"

Unbeeindruckt tritt der fremde Mann näher an das Tor des Schulgartens und versucht es zu öffnen. Er kann Mampfred ja nicht sehen. Der Mann packt die Hand von Stella und versucht sie mit sich zu zerren: „Komm jetzt, sonst bist du Schuld, wenn die Welpen krank werden oder sterben, und das willst du doch nicht, oder?" Stella merkt, dass es nicht richtig ist, was der Mann gerade macht. Sie fühlt, wie ihr Herz in ihrer Brust fast explodiert und sie bekommt riesengroße Angst vor dem Mann. Doch der flüstert bedrohlich: „Fang jetzt bloß nicht an zu schreien! Wenn du auch nur einen Piep von dir gibst, dann wird deinen Eltern etwas Schlimmes passieren, glaub mir!"

Stella hat viel zu große Angst, um zu begreifen, dass das gar nicht stimmen kann. Ihr Herz schlägt bis zum Hals. Da hört sie auf einmal ein ganz tiefes Knurren. Als sie an dem Mann vorbei schaut, sieht sie einen großen Hund. Da der Mann aber nicht weiß, wie man sich einem fremden Hund gegenüber verhält, starrt er dem Hund direkt in die Augen. Er schreit den Hund an und versucht dann mit Stella an der Hand über den Schulhof zu rennen. Ehe er sich versieht, bohren sich die Zähne des Riesenhundes in den Hintern des Mannes. Der lässt Stella auf der Stelle los, stürzt zu Boden und schreit. Der Hund aber lässt nicht locker und zerrt weiter am Mann.

Jetzt erst sieht Stella, dass Mampfred angehumpelt kommt. Als er vorhin an Stella hochgesprungen ist, um sie zu warnen, hat er sich ein Bein verstaucht. Trotz der Schmerzen ist Mampfred zu Frau Nagel gerannt. Sie wohnt neben der Schule und der große

Hund gehört ihr. Mampfred hat dem Hund ein geheimes Zeichen gegeben und ihn gebeten, Stella zu helfen.

Durch das laute Schreien des Mannes kommen nun auch der Hausmeister Herr Bär und Tom herbeigeeilt. „Da hast du aber einen tollen Schutzengel gehabt", sagt Herr Bär zu Stella. Der Hausmeister hat sich inzwischen auf den am Boden liegenden Mann gesetzt, damit er nicht weglaufen kann. Stella nimmt Mampfred auf den Arm und der große Hund von Frau Nagel sitzt neben ihr und fletscht noch immer seine Zähne.

Kurze Zeit später trifft dann schon die Polizei mit Blaulicht ein. Ein Polizist legt dem Mann Handschellen an und setzt ihn mit seiner zerfetzten Hose in den Streifenwagen. Die Polizeibeamtin, die mitgekommen ist, umarmt die beiden Kinder.

„Es gibt leider böse Männer, die versuchen mit falschen Geschichten kleine Mädchen und Jungen zu sich zu locken. Ihr müsst dann immer ganz laut schreien und ‚Nein‘ brüllen." Stella und Tom nicken ernst. „Und ihr dürft niemals zu einem Fremden ins Auto steigen. Es sei denn, ihr habt vorher eure Eltern gefragt. Solche Männer können zu Kindern sehr böse sein, auch wenn man es ihnen nicht ansieht", fügt sie noch freundlich hinzu und verabschiedet sich dann von ihnen.

Bevor die Polizistin in den Streifenwagen steigt, gibt sie dem Hausmeister eine Broschüre mit dem Titel *Wehr dich – wie man Kinder vor Gewalttaten schützt.* „Vielleicht können Sie diese Broschüre an die Lehrer weitergeben, wir bieten bei der Polizei Kurse für Kinder an und führen mit Eltern und Lehrern spezielle Trainings durch. Dort lernen Kinder sogenannte Anti-Opfer-Signale auszusenden. Täter suchen nämlich immer Opfer und keine Gegner. Jedes Kind kann lernen, ein starker Gegner zu sein."

„Danke!", flüstert Stella ganz leise Mampfred zu und drückt ihn fest an sich. „Danke, dass du auf mich aufgepasst hast. Du bist der beste Schutzengel auf der ganzen weiten Welt!"

„Aua!", winselt Mampfred. „Jetzt hast du mich beinahe zerdrückt. Ich hoffe, du gibst mir gleich was zu fressen. Dann helfe ich euch auch, das Geheimnis eures Schlüssels zu lüften."

Stella grinst und ist froh, dass sie Mampfred hat.

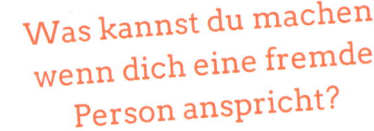

Was kannst du machen, wenn dich eine fremde Person anspricht?

Schatz in der Hand

Ich bin gerade über etwas sehr glücklich, denkt Stella. Ich habe tolle Freunde. Das weiß ich genau. Mit Tom macht alles Spaß. Und jetzt kennen die Kinder ja auch Herrn Bär, den großen, verlässlichen Hausmeister. Bei ihm fühlt sich Stella gut aufgehoben.

Heute besuchen Stella und Tom mal wieder den Hausmeister Otto Bär. Er sitzt gerade in seiner Wohnung in einem großen Sessel und liest Zeitung. „Na, ihr beiden?", will Herr Bär wissen, „was macht denn eigentlich euer geheimnisvoller Schlüssel?" „Das werden wir wohl leider nie herausfinden", antwortet Stella betrübt. „Die Ferien sind schon zur Hälfte rum und wir wissen immer noch nicht, zu welchem Schloss der Schlüssel gehört."

„Setzt euch mal zu mir und ich erzähle euch eine Geschichte", sagt Herr Bär. Die Kinder machen es sich mit Kissen auf dem Boden gemütlich. „Wie ihr wisst, war ich früher Seemann. Als ich jung war, wollte ich die ganze Welt kennen lernen. Deshalb bin ich so viel gereist."

„Wo waren Sie denn überall?", fragt ihn Tom. „Ich war fast überall auf der Welt", antwortet Herr Bär. „Ich habe viele schöne Länder gesehen und viele Menschen kennen gelernt. Vor vielen Jahren habe ich auf einer dieser Reisen von magischen Murmeln gehört. In einem fernen Land, ganz weit von hier, erzählte man sich, dass Kinder, die die magischen Murmeln finden, von da an keine Angst mehr vor der Angst haben. Ein Kind, das im Besitz der magischen Murmeln war, ging vor vielen Jahren hier zur Schule. Es wird immer wieder erzählt, dass es ein sehr furchtloses und

Magie, Magie
und Fantasie,
ich bin stark so wie noch nie,

Murmel Drops und Lollipops,
ich bin froh so wie ein Mops.

Eins, zwei, drei
und ich bin frei,
meine Angst
ist jetzt vorbei.

sehr mutiges Kind gewesen sei, das alle seine Ängste bewältigt habe. „Und wo sind diese Murmeln heute?", drängelt Tom. „Nur Geduld", brummt Herr Bär, „als das Kind diese Murmeln nicht mehr gebraucht hat, hat es diese in eurer Schule versteckt – für andere Kinder, die Angst haben."

Tom und Stella sind ganz aufgeregt. Beide möchten zuerst etwas fragen. „Herr Bär, können Sie uns helfen, die Murmeln zu finden?", fragt Tom schließlich.

„Nein!", lacht Herr Bär. „Die müsst ihr schon selber finden, damit der Zauber funktioniert. Einen kleinen Tipp kann ich euch aber geben: Erst wenn ihr aufhört zu suchen, werdet ihr sie finden." Dann steht Herr Bär auf, legt die Zeitung weg und macht sich auf den Weg in den Schulgarten.

„Tom! Tom! Hast du das gerade gesehen?", flüstert Stella ganz aufgeregt.

„Nein, was denn?", wundert sich Tom.

„Na, gerade als Herr Bär aufgestanden ist, hat er sich die Ärmel hochgekrempelt. Da konnte ich es genau sehen. Er hat eine kleine Tätowierung auf seinem Unterarm!"

„Was für eine Tätowierung?", will Tom wissen. „War es ein Anker? So wie ihn Seefahrer getragen haben? Oder ein Name?"

„Nein, es war eine Zahl!" Stellas Augen werden ganz groß und fangen an zu leuchten. „Herr Bär hat auf seinem Unterarm die Zahl 1297 tätowiert! Dieselbe Zahl, die auch auf unserem geheimnisvollen Schlüssel steht!"

„Gehört der Schlüssel etwa unserem Herrn Bär? Los, Stella! Lass uns sofort zu ihm laufen und ihn fragen!"

Und schon rennen Stella und Tom hinunter in den Schulkeller. Als sie die Tür öffnen, sehen sie Otto Bär, wie er mit einem breiten Grinsen auf einer noch breiteren Kiste sitzt. „Na endlich!", freut er sich. Jetzt kann auch Tom ganz deutlich die Tätowierung 1297 auf Herrn Bärs Unterarm sehen.

„Herr Bär? Sie sind das furchtlose Kind, das durch die magischen Murmeln seine Ängste überwunden hat, nicht wahr?"

„Ja, das bin ich. Ich dachte, ihr wüsstet es schon längst!"

„Nein! Darauf wären wir nie gekommen. Ein Mann, so groß wie ein Bär, der hat doch keine Angst!", wundern sich die Kinder.

„Da täuscht ihr euch aber gewaltig! Auch große und starke Erwachsene hatten schon mal Angst in ihrem Leben. Die meisten schaffen es, ihre Ängste zu besiegen und werden dadurch noch stärker."

„Aber so stark wie sie sind, müssen sie echt große Angst gehabt haben", meint Tom.

„Du hast vollkommen recht. Schaut, ich kann es euch auch beweisen!"

Stella und Tom trauen ihren Augen nicht, was sie im nächsten Augenblick sehen. Mit seinen Händen, die so groß wie Schaufeln sind, schnappt sich Herr Bär Mampfred und hebt ihn mit einem herzlichen Lachen hoch in die Luft.

„Komm her, meiner kleiner Hops-Mops", sagt Herr Bär ganz liebevoll und hält Mampfred noch ein Stückchen höher in die Luft.

„Sie können Mampfred sehen?", fragen Stella und Tom ungläubig.

„Na klar! Ich hatte einmal so große Angst, dass Mampfred aufgetaucht ist. Und wer ihn einmal gesehen hat, mit dem bleibt er ein Leben lang verbunden! Ich bin auch Mitglied in eurem Club der Unzertrennlichen", erklärt Herr Bär feierlich.

„Darf ich langsam wieder runter?", bellt Mampfred und wedelt freundlich mit seinem kleinen Ringelschwänzchen. „Sonst bekomme ich noch Höhenangst."

„Und bestimmt passt der Schlüssel auch noch zu der großen Truhe, auf der Sie gerade sitzen?"

„Richtig!", lacht Herr Bär. „Manchmal sieht man den Wald vor lauter Bäumen nicht und ich habe mich schon gewundert, warum ihr den Schlüssel nicht sofort hier ausprobiert habt. Ihr seid fast jeden Tag daran vorbeigegangen. Aber manchmal ist das so. Da können die schönsten Dinge direkt vor einem stehen und man sieht sie nicht."

Stella und Tom sind so aufgeregt, dass sie gemeinsam den Schlüssel in das Schloss stecken. Dann öffnen sie zusammen den schweren Deckel. Beide strahlen über das ganze Gesicht. In der Truhe liegen die schönsten Murmeln, die sie je gesehen haben. „Das sind ja unendlich viele!", rufen die beiden vor lauter Glück. „Das sind so viele, dass jedes Kind unserer Schule eine magische Murmel bekommen kann!"

Stella und Tom sind außer sich vor Freude. „Weißt du was, Stella?", sagt Herr Bär. „Ich habe noch eine gute Nachricht. Ich habe euch ja erzählt, dass ich nach den Ferien in den Ruhestand gehe. Als ich gehört habe, dass dein Papa arbeitslos geworden ist, habe ich mit unserer Schulleitung gesprochen und vorgeschlagen, dass dein Papa mein Nachfolger wird. Die Schulleitung hat sofort ja gesagt!"

Freudentränen schießen Stella in die Augen, und auch Tom muss vor Freude weinen und nimmt Stella in den Arm. „Mein Papa hat wieder eine Arbeit", schluchzt Stella vor Freude.

„Ja, Stella. Und ich habe auch noch eine Überraschung für euch. Ihr werdet die letzten zwei Wochen der Schulferien auf den Reiter-

hof und ins Fußballcamp fahren!" „Das sind die schönsten Ferien aller Zeiten!", jubeln die Kinder und hüpfen vergnügt in die Luft.

Mit leiser Stimme erzählt Herr Bär dann noch, dass er sich damals so geschämt hat, als er Angst bekam. „Immer, wenn ich traurig war oder Angst hatte, dachte ich, ich hätte etwas falsch gemacht. Es war mir so peinlich und ich habe gezweifelt, ob meine Gefühle richtig waren. Heute weiß ich, dass Gefühle immer richtig sind. Es gibt keine falschen Gefühle. Wenn man traurig ist, dann ist man traurig. Wenn man wütend ist, dann ist man wütend. Wenn man sich ärgert, dann ärgert man sich und wenn man sich freut, dann freut man sich. Lasst euch niemals etwas anderes erzählen und habt keine Angst davor, eure Gefühle zu zeigen! Meine Angst hat mich bärenstark gemacht!"

Hast du schon mal etwas sehr Schönes gefunden, was du dann auch behalten durftest?

Rosa Kiki

Magie, Magie und Fantasie, ich bin stark so wie noch nie,

Murmel Drops und Lollipops, ich bin froh so wie ein Mops.

Eins, zwei, drei und ich bin frei, meine Angst ist jetzt vorbei.

Ich bin gerade über etwas sehr glücklich, denkt Stella. Sommer ist schöner als Winter. Das weiß ich genau. Weil man im Sommer viel mehr draußen machen kann als im Winter. An warmen Sommertagen kann man im Freien essen oder im Garten zelten. Außerdem ist es im Sommer abends länger hell und man muss nicht so früh schlafen gehen. Es macht auch Spaß, draußen mit Murmeln zu spielen.

Es ist ein herrlicher Sommertag. Der Himmel ist so blau, als ob ihn jemand mit Leuchtfarbe angemalt hätte. „Oh, was für tolle Murmeln. So etwas Schönes habe ich ja schon lange nicht mehr gesehen", murmelt Kiki leise vor sich hin, als sie in ihrem Schulgarten die Murmeln liegen sieht.

„Ja, das ist eine wunderschöne Murmel", stimmt Stella ihr zu. „Und wir haben noch viel mehr davon", schwärmt Tom. „Wo habt ihr die denn her?", will Kiki wissen. Ganz stolz erzählen ihr die Kinder, dass sie den Murmelschatz in einer Truhe im Schulkeller gefunden haben. Vor vielen Jahren wurden die Murmeln von einem furchtlosen Kind versteckt, das seine Ängste mit diesen magischen Murmeln bewältigen konnte.

„Das sind also *magische* Murmeln?", fragt Kiki neugierig.

„Ja!", kommt es wie aus einem Mund von Stella und Tom.

„Flieg, kleiner Schmetterling! Flieg los!", hören die drei plötzlich eine helle Kinderstimme. Als sie sich umdrehen, um nachzusehen, woher die Stimme kommt, sehen sie ein kleines Mädchen, das mit einem Schmetterling zu sprechen scheint.

„Wer bist du?", will Kiki wissen.

„Ich bin Leni-Lotte", antwortet das Mädchen. Sie blinzelt dem Schmetterling zu, der auf und davon fliegt. Leni-Lotte schaut ihm sehnsüchtig hinterher: „Ich würde auch so gerne wegfliegen können", sagt sie leise.

„Hatten deine Eltern auch kein Geld, um mit dir in den Urlaub zu fahren?", fragt Stella das Mädchen. Leni-Lotte hat plötzlich einen Kloß im Hals und nickt. Leni-Lotte schaut durch Stella und Tom hindurch, dem Schmetterling hinterher, der längst nicht mehr zu sehen ist. „Wir konnten auch nicht mit unseren Eltern in den Urlaub fahren", durchbricht Tom die Stille, „deshalb sind wir hier und helfen unserem Hausmeister und Kiki auf dem Schulhof und im Schulgarten."

„Ehrlich gesagt, bin ich noch nie in den Urlaub gefahren", gibt Leni-Lotte zu. „Meine richtigen Eltern habe ich gar nicht kennengelernt, ich war noch viel zu klein, als sie gestorben sind. Und dann habe ich Pflegeeltern bekommen. Die sind eigentlich ganz nett. Aber in den Urlaub gefahren sind sie mit mir trotzdem noch nicht." Gedankenverloren starrt sie vor sich hin.

„Wir können auch hier tolle Sachen machen", tröstet Stella. „Komm doch mal mit! Tom und ich haben gestern einen Schatz gefunden und jetzt überlegen wir, was wir damit machen können."

„Einen richtigen Schatz habt ihr gefunden?", fragt Leni-Lotte ungläubig.

„Ja! Komm mit!" ruft Tom. „Wir zeigen dir unseren Murmelschatz."

„Kommt der Mops da etwa auch mit?", will Leni-Lotte wissen und zeigt mit dem Finger auf Mampfred. Stella lacht: „Willkommen im Club der Unzertrennlichen! Das ist Mops Mampfred. Nur Kinder, die Angst haben, können ihn sehen. Wenn du ihn einmal gesehen hast, bleibt er ein Leben lang bei dir und wird zu deinem starken Beschützer und Begleiter."

„Ja, ich hatte schon oft Angst. Irgendwie vermisse ich meine richtigen Eltern, obwohl ich sie ja nie kennengelernt habe. Und bei meinen Pflegeeltern bin ich mir nie sicher, ob sie mich wirklich lieben. Deshalb bin ich heute Morgen einfach von zu Hause weggelaufen, um zu sehen, ob sie mich suchen und mich wirklich lieb haben."

„Du bist waaaas? Weggelaufen? Ich fasse es nicht!" Mampfred knurrt.

„Ja, nach den Sommerferien komme ich doch auch auf eure Schule. Und da wollte ich sie mir schon mal ansehen. Meine Pflege-eltern wollen aber nicht, dass ich den Weg allei-ne gehe. Sie sagen im-mer, ich wäre dafür zu klein und so", erklärt Leni-Lotte, „sie wür-den mich dann lieber mit dem Auto zur Schule fahren, am besten bis zu meinem Tisch im Klassenzimmer. Aber das will ich doch gar nicht! Ich will Freunde haben und eine richtige Familie, die mich lieb hat."

„Freunde sind eine Familie, die man sich aussuchen kann!", bellt Mampfred und rammt seine platte Nase vor Leni-Lottes Bein. „Und zwar eine richtig tolle, die immer auf dich aufpasst und mit dir spielt. Wir gehören alle zusammen."

„Das würde ich mir so sehr wünschen!", platzt es aus Leni-Lotte heraus. „Meine Pflegeeltern wollen so oft, dass ich Dinge tue, die ich gar nicht will. Eigentlich sind sie ja ganz lieb. Aber manchmal hasse ich sie auch", gesteht das Mädchen. „Ich finde, meine Pflegeeltern nutzen oft aus, dass sie groß und stark sind. Und nur weil ich ein kleines Kind bin, glauben sie, ich dürfte keine eigene Meinung haben. Und keine eigenen Freunde. Dann wünsche ich mir, ich könnte wieder bei meiner richtigen Mama sein. Wie damals, als ich noch ganz klein war", erzählt Leni-Lotte weiter. „Wenn meine Stiefeltern mit mir schimpfen, fühle ich mich plötzlich wie ein Stein. Ich bin dann starr vor Angst und Schrecken. Dann fangen wir an zu streiten. Und am Ende laufe ich in mein Zimmer und will nur noch alleine sein. Ich träume dann immer von Schmetterlingen, die ganz leicht und frei durch die Luft fliegen."

„Die hier ist für dich", bellt Mampfred und hält Leni-Lotte mit einer Pfote eine Murmel hin. „Es ist eine magische Murmel", fügt Mampfred hinzu. Leni-Lotte schaut in die Murmel, in der sich in diesem Augenblick alle Sonnenstrahlen zu fangen scheinen und die Murmel leuchtet so hell und klar wie eine bunte Sonne.

Leni-Lotte hat nicht mitbekommen, dass Rosa Kiki längst ihre Pflegeeltern angerufen hat. Kiki holt die Pflegeeltern am Eingang ab und bittet sie, auf gar keinen Fall mit ihrer Tochter zu schimpfen, obwohl sie ohne zu fragen von zu Hause weggegangen ist.

„Da bist du ja, mein Engel!", sagt Leni-Lottes Pflegevater und nimmt sie in den Arm. Und auch Lenis Pflegemama drückt sie fest und flüstert ihr leise ins Ohr: „Du bist die Beste! Papa und ich sind so froh, dass es sich gibt und haben dich über alles lieb."

„Und weißt du was, Leni-Lotte?", sagt Rosa Kiki. „Ich habe mir etwas überlegt! Nach den Ferien kommst du ja auf unsere Schule und ich werde deine Klassenlehrerin sein. Ich möchte, dass du die Anführerin der Murmel-AG wirst, die wir im nächsten Schuljahr gründen wollen. Und damit du nicht alleine bist, können dich Stella und Tom dabei unterstützen, weil sie ja schon etwas älter sind und sich hier gut auskennen." Leni-Lotte ist außer sich vor Freude. „Damit du dich auf deine neue Aufgabe vorbereiten kannst", sagt Lenis Vater, „machen Mama und ich mit dir morgen einen Ausflug. Wir fahren mit dir nach Usedom. Dort befindet sich Europas größter Schmetterlingszoo." Leni-Lotte strahlt über das ganze Gesicht und geht mit ihren Eltern zufrieden nach Hause. 🐾

Warst du schon einmal
in einem Schmetterlingshaus
im Tierpark oder Zoo?

Die Murmel-AG

Ich bin gerade über etwas sehr glücklich, denkt Stella. Es ist wieder Schulzeit. Das weiß ich genau. Endlich sehe ich alle meine Freunde wieder. In den Pausen können wir spielen und uns erzählen, was wir in den Ferien erlebt haben. In meinem Bauch kribbelt es vor lauter Aufregung. So jetzt muss ich aber schlafen, morgen klingelt mein Wecker schon um 7 Uhr.

Das frühe Aufstehen und die Hausaufgaben gefallen Stella nicht. Aber darüber möchte sie jetzt noch nicht nachdenken. Voller Vorfreude drückt sie ihre Kuscheltiere an sich und schließt die Augen.

Am nächsten Tag in der Schule haben Stella und Tom nur ein Thema. „Die Ferien waren so schön, Stella!", schwärmt Tom. „Ja, das finde ich auch!", stimmt Stella ihm zu.

„Ich hätte nicht gedacht, dass sie so toll werden", meint Tom.

„Hätte ich auch nicht gedacht", meint Stella. „Erst wurde Papa arbeitslos und dann konnte ich nicht mit dir in den Urlaub. Ehrlich gesagt, Tom, hatte ich Angst, dass ich dich als Freund verliere", gesteht Stella.

Magie, Magie
und Fantasie,
ich bin stark so wie noch nie,

Murmel Drops und Lollipops,
ich bin froh so wie ein Mops.

Eins, zwei, drei
und ich bin frei,
meine Angst
ist jetzt vorbei.

„Ach, Quatsch! Wegen so was doch nicht", antwortet Tom. „Es waren die schönsten Ferien meines Lebens!"

Stella strahlt Tom an, der über das ganze Gesicht grinst.

„Ihr meint wohl, weil ich aufgetaucht bin?", fragt Mampfred frech, der wie immer aus dem Nichts erscheint.

„Ja, ohne dich hätten wir das nicht geschafft! Ein Glück, dass du bei uns bist", schwärmt Stella. „Am coolsten finde ich aber, dass wir jetzt der Club der Unzertrennlichen sind und dass Erwachsene dich nicht sehen können. Na ja, die meisten jedenfalls nicht", fügt Stella hinzu. „Ein paar Ausnahmen gibt es ja, hi hi."

Tom kommt auch ins Schwärmen: „Und als wir dann den geheimnisvollen Schlüssel gefunden haben – das war so spannend! Und Herr Bär, die magischen Murmeln … ach, es war so wunderschön!"

„Hey Leute, jetzt beeilt euch mal ein bisschen", unterbricht Mampfred das Gespräch von Stella und Tom. „In zehn Minuten klingelt es und der Unterricht fängt an." „Ja, ja", lacht Stella, „das schaffen wir locker." „Mampfred, du bist ja schlimmer als unser Trainer im Fußballcamp", ruft Tom ganz außer Atem, denn sie beeilen sich inzwischen so sehr, dass sie fast rennen.

„Habt ihr auch den Brief von Rosa Kiki bekommen?", ruft plötzlich eine niedliche Stimme hinter den Kindern. Als Stella und Tom sich umdrehen, sehen sie die Erstklässlerin Leni-Lotte, die schnell angerannt kommt und wild mit einem Blatt Papier in ihrer Hand winkt. „Heute in der ersten großen Pause sollen alle Schülerinnen und Schüler in die Schulaula kommen. Da soll es für alle Schüler eine Überraschung geben", berichtet ihnen Leni-Lotte. Stella und Tom tauschen verstohlene Blicke miteinander.

Leni-Lotte ist so aufgeregt, dass sie gar nicht so schnell sprechen kann wie sie möchte. Sie versucht eine Million Wörter in einer Sekunde herunterzurasseln, ihre Stimme und die Wörter überschlagen sich und zwischendurch fängt sie sogar an zu stottern und zu stammeln.

„Ich hatte schon Angst, ihr würdet mir gar nicht zuhören, weil ihr euch so beeilt. Ich dachte, dann muss ich mich beim Sprechen auch so beeilen wie ihr zu Fuß", schnauft Leni-Lotte.

Da springt Mampfred Leni ans Bein, sodass sie fast über ihn gestolpert wäre. „Hey Leni, weißt du, was das Gute am Stottern ist?", fragt Mampfred, „wenn du stotterst, testest du die Geduld anderer Menschen und wünscht dir einfach viel mehr Zeit, Zuwendung und Zärtlichkeit, stimmt's?", lacht Mampfred.

„Du bist mir ja einer!", kontert Leni-Lotte, „wer es sagt, der ist es auch, mit 'nem dicken Wasserbauch … ich glaube, du hattest selbst gerade Angst, wir würden dich nicht genügend beachten! Und jetzt lasst uns einfach gaaanz langsam zur Schule gehen, wir haben alle Zeit der Welt."

In der ersten großen Pause ist es dann soweit. Hausmeister Bär hat Stühle in der Aula aufgestellt und vorne eine kleine Bühne aufgebaut. Der Schuldirektor, Herr Meister, begrüßt alle Schüler

und ganz besonders die Erstklässler, die ihren ersten Schultag haben und ganz aufgeregt auf ihren Stühlen hin- und her rutschen. „Glaubt ja nicht, was eure Eltern euch gesagt haben", lacht Direktor Meister, „heute fängt nicht der Ernst des Lebens an, sondern der Spaß geht weiter!" Die Schüler lachen und klatschen wie wild in die Hände.

Als die Schüler sich wieder beruhigt haben, übergibt Direktor Meister das Mikrofon an die Musik- und Kunstlehrerin Rosa Kiki: „Liebe Schülerinnen, liebe Schüler! Heute ist ein ganz besonderer Tag für uns. Nicht nur, weil für uns alle die Schule wieder beginnt, sondern auch, weil wir unsere neuen Mitschülerinnen und Mitschüler begrüßen dürfen. Nun möchte ich aber drei von euch auf die Bühne bitten: Stella, Tom und Leni-Lotte."

Die Schüler applaudieren und rufen: „Das ist ja ein lustiger Mops!" Die meisten Erwachsenen lachen, verstehen aber nicht, was sie hören, denn sie können Mampfred ja nicht sehen.

„Jetzt beruhigt euch mal wieder", sagt Kiki, „ich habe Stella, Tom und Leni-Lotte auf die Bühne gebeten, damit sie euch erzählen, was für eine tolle Entdeckung sie gemacht haben."

Stella und Tom schauen ein bisschen verlegen auf den Boden, aber dann gibt Mampfred Stella einen Stups und sie beginnt zu erzählen:

„In den Sommerferien haben Tom und ich hier in der Schule gearbeitet. Wir haben zusammen den Schulgarten gepflegt und Herrn Bär geholfen, den Schulhof aufzuräumen." „Genau", ergänzt Tom, „und dabei haben wir ganz unten im Schulkeller einen Schatz gefunden. Magische Murmeln!"

Stella erzählt weiter: „Diese Murmeln hat ein besonders furchtloses Kind vor Jahren versteckt. Es sind so viele Murmeln, dass wir jedem von euch eine Murmel schenken wollen."

Die Kinder klatschen begeistert. Mampfred stellt sich auf die Hinterbeine, er möchte allen, die ihn sehen können, jetzt auch etwas sagen: „Diese Murmeln verleihen euch magische Kräfte. Sie sollen euch behüten und beschützen und euch eure Ängste mopsen." Stella und Tom nicken.

„Was ihr genau mit den Murmeln machen könnt, werdet ihr später noch erfahren, denn ab diesem Schuljahr gibt es eine Murmel-AG an unserer Schule. Und die erste Sprecherin der Murmel-AG wird Leni-Lotte sein", sagt Tom und legt stolz seinen Arm auf ihre Schultern. Es folgt minutenlanger Applaus. Leni-Lotte strahlt vor Freude. Auch die Lehrer klatschen ganz laut mit.

Kiki richtet sich wieder an die Kinder: „Danke, Stella und Tom. Das war schon mal ein toller Start ins neue Schuljahr! Und jetzt möchte ich euch alle bitten, wieder in eure Klassenräume zu gehen, damit wir den Unterricht beginnen können."

„Du, Stella?", fragt Leni-Lotte, während sie zurück in ihre Klassenzimmer gehen, „kann ich dich noch etwas fragen? Jetzt, da ich die Murmel-AG mit leiten darf, habe ich nachmittags nicht mehr so viel Zeit, um mich um mein Pferd Makkaroni zu kümmern und da wollte ich dich fragen, ob du vielleicht …"

„Du hast ein eigenes Pferd, Leni?", platzt es aus Stella heraus. „Egal, was du mich fragen willst, ich sage ja!" Leni-Lotte lacht und springt Stella vor Freude um den Hals. „Ja, ich wollte dich fragen, ob du Lust hast, dich an drei Tagen in der Woche um mein Pferd zu kümmern und es zu reiten, das wäre toll!"

„Ja! Ja! Ja!" schreit Stella vor Glück, „nichts mache ich lieber als das! Jetzt geht ja doch noch mein Wunsch in Erfüllung."

„Reiten fängt mit Fegen an", lacht Leni-Lotte und dreht sich zu Tom um, „wenn du ab und zu mit zum Stall kommst, die Stallgasse fegst und mein Pferd putzt, dann darfst du vielleicht auch mal Reiten." „Das mache ich", antwortet Tom, „aber nur, wenn ihr auch mal ein Fußballspiel von mir anseht." „Ja, klar doch, das machen wir", antworten Leni-Lotte und Stella und klingen dabei schon wie richtige Fans, „und dann feuern wir dich an: Tom, Tom vor, noch ein Tor! Tom, Tom vor, noch ein Tor!"

Kennst du schon die schönsten Murmelspiele?

Bärenstark

Ich bin gerade über etwas sehr glücklich, denkt Stella. Sie sitzt gerade hoch oben in den Ästen eines Baumes. Sie fühlt sich frei wie ein Vogel, von hier kann sie den ganzen Park überblicken. Ganz unten sieht sie Mama und Papa den Weg entlangspazieren. „Hallo!", ruft Stella, „ich bin hier oben!" Mama und Papa suchen erschrocken die Bäume ab. Als sie Stella entdecken, schlägt Mama die Hände vor den Mund. „Stella, was machst du da oben? Komm sofort runter!", ruft Stellas Papa. „Oh Gott, das ist viel zu gefährlich!", brüllt auch Stellas Mama. „Klettere jetzt ganz langsam und ganz vorsichtig runter." Stella versteht nicht, warum sich ihre Eltern so sehr aufregen. Kinder können oft viel mehr, als die meisten Erwachsenen denken, findet sie. Unten angekommen, umarmt sie Mama und Papa trotzdem ganz fest. Denn nichts ist schöner als eine Runde Familienkuscheln und Eltern, die einen lieb haben.

Magie, Magie
und Fantasie,
ich bin stark so wie noch nie,

Murmel Drops und Lollipops,
ich bin froh so wie ein Mops.

Eins, zwei, drei
und ich bin frei,
meine Angst
ist jetzt vorbei.

Als Stella und Tom an diesem Tag in die Schule kommen, ist irgendetwas anders. Es ist ruhiger in der Schule. Aber nicht angenehm ruhig, es herrscht eine gespenstische Stille. Als die beiden in die Pausenhalle kommen, sehen sie dort viele Schülerinnen und Schüler. Einige Lehrer versammeln sich um einen Tisch herum. Auf dem Tisch stehen die Fotos von zwei Lehrern und mehrere Kerzen.

„Ich muss euch etwas sehr Trauriges mitteilen", sagt Schuldirektor Meister mit leiser Stimme. „Eine Lehrerin und ein Lehrer unserer Partnerschule in Berlin werden uns nicht mehr besuchen kommen."

„Warum nicht? Warum kommen die beiden nicht mehr wieder?", fragt einer der Schüler.

„Die beiden Kollegen sind am Wochenende gestorben. Sie sind von einem LKW angefahren worden. Sie wurden dabei so schwer verletzt, dass sie später im Krankenhaus gestorben sind."

„Haben die beiden denn nicht richtig geschaut, bevor sie über die Straße gegangen sind?", fragt ein anderes Kind bestürzt.

„Doch, doch! Die beiden haben immer sehr gut aufgepasst. Nicht nur, wenn sie mit ihren Klassen draußen waren, sondern auch, wenn sie alleine unterwegs waren. Sie sind nicht auf der Straße angefahren worden."

„Wo denn dann?", will Tom wissen.

„Sie waren in einer Fußgängerzone an der Gedächtniskirche in Berlin. Dort fand gerade ein Markt und Volksfest statt. Es waren sehr viele Menschen dort, sie hatten gute Laune und ganz viel Spaß, sie haben gelacht, gegessen, getrunken und sich unterhalten", beschreibt der Rektor. „Dort dürfen eigentlich keine LKW fahren. Aber an diesem Abend ist ein LKW mit hoher Geschwindigkeit einfach in die Fußgängerzone gerast, mitten in die Menschenmenge hinein. Das war kein Unfall. Der Mann, der am Steuer saß, wollte absichtlich Menschen verletzten. Es war ein Terroranschlag."

In der Pausenhalle herrscht eiskalte Stille und Sprachlosigkeit. Manche Schüler und Lehrer weinen leise.

„Bitte geht jetzt in eure Klassen. Eure Lehrer werden weiter mit euch sprechen und eure Fragen beantworten. Ich würde mich auch sehr freuen, wenn ihr Geschichten schreibt und Bilder malt. Die

werden wir dann an unsere Partnerschule nach Berlin schicken",
sagt der Direktor zum Abschluss.

Ganz ruhig ist es in der Pausenhalle. Plötzlich geschieht etwas
Wundervolles. Für einige Minuten können auch die Erwachsenen
Mampfred sehen. Und niemand wundert sich darüber. Es scheint,
als wäre es das normalste auf der ganzen Welt, den kleinen Mops
sehen zu können.

Mampfred ergreift das Wort: „Mir tut es wirklich sehr leid, was
bei dem Terroranschlag geschehen ist und auch mein Mopsherz
ist ganz traurig. Ich weiß, dass ihr jetzt alle ratlos seid und Angst
habt", erklärt er. „Es ist nicht schlimm, Angst zu haben, denn
Angst gehört zum Leben. Deswegen gehören auch Möpse wie ich
zum Leben, die euch beschützen", sagt der kleine
Hund beruhigend. „Ihr denkt jetzt vielleicht,
am besten gehen wir nie wieder zu einem
Volksfest oder in große Menschenmen-
gen, da könnte etwas passieren. Aber
das ist nicht die Lösung. Ängste
sind normal, wichtig ist, dass wir
die Ängste nicht über uns bestimmen lassen. Die Terroristen wollen uns einschüchtern, aber ihr
könnt euch euren Ängsten stellen!"

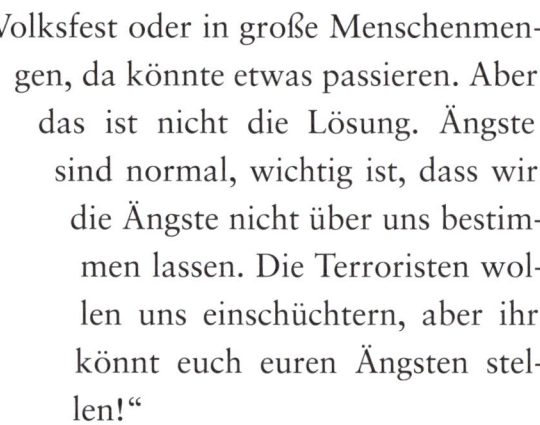

Mampfred spricht immer lauter.
„Geht raus auf die Straßen, seid
mutig und bewältigt eure Ängste.
Dann werdet ihr stärker und böse
Menschen werden schwächer. Werdet
gemeinsam bärenstark!"

„Wir sind auch bärenstark!",
rufen Stella und Tom ganz laut in
den Raum und immer mehr der Schülerinnen und Schüler stimmen mit ein.
Am Ende ist nur noch zu hören, wie alle
in der Pausenhalle gemeinsam rufen: „Wir
sind bärenstark!"

„Danke, Mampfred", sagt Schuldirektor
Meister. „Danke, dass du bei uns bist und uns
Mut machst. Ich finde auch, dass es gut tut,
Ängste aufzumalen oder sie nachzuspielen. Dann wirken sie weni-
ger erschreckend."

„Lasst uns das doch einfach hier gemeinsam ausprobieren",
schlägt Rosa Kiki vor. „Heute müssen wir ja gar nicht unbedingt
in verschiedene Klassenzimmer gehen." Der Rektor nickt zustimmend.

Hausmeister Bär ist sofort zur Stelle. Die Kinder helfen ihm, die
Tische aneinander zu stellen.

Zum Erstaunen der Schüler holt der Hausmeister eine riesige
Papierrolle aus dem Keller. Mit Schwung rollt er das Papier über
den großen Tisch. Rosa Kiki stellt Becher mit Stiften auf.

„So, jetzt könnt ihr alles rauslassen, was euch bewegt", fordert
die Lehrerin sie auf, „schnappt euch Stifte und zeichnet eure Ängste auf."

Über eine Stunde ist es ganz leise in der großen Aula. Die Kinder
malen, was das Zeug hält.

Als keiner mehr einen Stift in der Hand hält, treten Schüler und
Lehrer von ihrem gemeinsamen Kunstwerk zurück. Es sieht zwar
ziemlich düster und dunkel aus, dafür sind die Gesichter der Kinder heller und weniger traurig. „Das hat richtig gut getan, oder

Tom?", fragt Stella ihren besten Freund. „Ja", antwortet er, „jetzt sind alle schlechten Gefühle auf dem Papier und nicht mehr in meinem Bauch", stimmt ihr Tom zu.

Mops Mampfred wendet sich noch einmal an die Versammlung: „Ich bin stolz auf euch alle! Ihr habt euch euren Ängsten gestellt", sagt Mampfred anerkennend. „Eines verspreche ich euch: Ihr werdet stärker und stärker werden und ich werde euch eure Ängste jedes Mal mopsen. Darauf gebe ich euch mein großes Mopsehrenwort!"

Möchtest du deine Ängste auch aufmalen?

Auf einmal ist die Angst klitzeklein

Stella und Tom hüpfen die Treppenstufen zum Kinderzimmer hoch. „Hast du Lust, eine CD zu hören?", fragt Tom. „Ich bin ein bisschen müde." Stella ist einverstanden, mit Schwung öffnet sie die Tür zu ihrem Zimmer. Doch wer sitzt da auf dem Teppich? Mampfred dreht sich erschrocken um. Vor ihm liegt ein kleiner weißer Briefumschlag und in den Pfoten hält er einen Sack aus lilafarbenem Samt. Er sieht aus, als wäre er auf frischer Tat ertappt worden. „Hey Mampfred, was machst du denn da?", fragt Stella erstaunt. „Oh Mann, ich dachte ihr kommt erst später nach oben", sagt der Mops ein bisschen verärgert. „Naja, dann kriegt ihr meine Überraschung eben jetzt schon, aber den Brief dürft ihr noch nicht öffnen!", mahnt Mampfred die Kinder. „Eine Überraschung?" Stella und Tom machen große Augen. Dann setzten sie sich zu Mampfred auf den Teppich.

Der Mops lächelt geheimnisvoll und dreht den lilafarbenen Samtbeutel in seinen Händen. „Ich habe gemerkt, dass ihr zwar an alle Mitschüler magische Kugeln verteilt habt, euch selbst aber keine genommen habt", beginnt der Mops. Stella und Tom nicken. „Deswegen möchte ich euch jetzt etwas schenken." Mampfred öffnet den Beutel, zum Vorschein kommen die glänzenden,

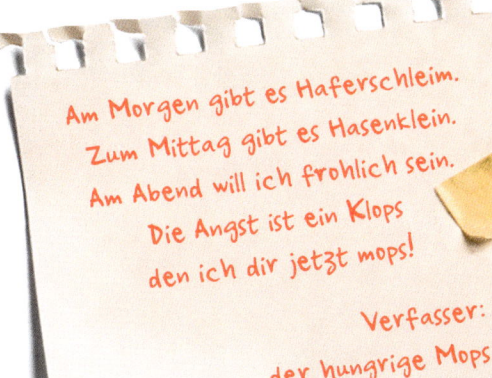

Am Morgen gibt es Haferschleim.
Zum Mittag gibt es Hasenklein.
Am Abend will ich frohlich sein.
Die Angst ist ein Klops
den ich dir jetzt mops!

Verfasser:
der hungrige Mops

magischen Murmeln. Er streckt ihnen den Beutel entgegen: „Los, sucht euch die Schönste raus!" Tom befühlt die Murmeln, dann nimmt er sich eine, die silbern schimmert. Auch Stella greift tief in den Beutel. „Diese Murmeln werden euch helfen, euch in schwierigen Situationen zu entspannen und euch sicher und stark zu fühlen. Sie helfen gegen Ängste, wenn ich nicht da bin."

Stella schaut Mampfred erstaunt an, sie kann sich ihr Leben ohne den kleinen Vielfraß gar nicht mehr vorstellen. Doch bevor sie ihn fragen kann, beginnt Mampfred mit ruhiger Stimme zu erzählen: „Nimm deine Murmel zwischen Daumen und Zeigefinger. Betrachte sie in aller Ruhe. Und während du dich auf diese wunderschöne Murmel in deiner Hand konzentrierst, kannst du deutlich spüren, wie sich dein Körper zu entspannen beginnt. Jetzt darfst du deine Augen schließen und die Murmel fest in deiner Hand halten." Stella und Tom haben sich auf dem Teppich zurückgelehnt und die

Augen fest geschlossen. „Während du die Murmel festhältst, fühlst du dich leichter und leichter, so leicht wie ein Schmetterling im warmen Sommerwind. Mit der Murmel in der Hand fühlst du dich sicher, geborgen und leicht." Auf den Gesichtern der Kinder breitet sich ein Lächeln aus. „Jetzt fließt die ganze Angst aus deinem Körper in die Murmel hinein. Die Murmel ist sehr stark und kann unendlich viele Ängste aufnehmen. Immer wenn du ausatmest, lässt du alle unangenehmen Gefühle und Ängste in die Murmel hineinfließen." Der Atem der beiden Kinder geht nun immer tiefer. „Es ist eine ganz besondere Murmel. Die Murmel in deiner Hand wird dir helfen, mit jedem Ausatmen alle Angst in dir loszulassen und abzugeben. Die Murmel macht dich ganz ruhig und lässt dich sicher fühlen. Spüre jetzt noch einmal, wo du dieses schöne Gefühl in deinem Körper fühlen kannst. Vielleicht magst du ja deine andere Hand genau auf diese Stelle auf deinem Körper legen, wo du dich ganz leicht fühlst." Stella legt ihre rechte Hand auf ihren Bauch, Tom berührt seine Brust. „Wann immer du von heute an diese wunderschöne Murmel in deine Hand nimmst, wirst du dich ganz mutig und gleichzeitig geborgen fühlen. Die Murmel in deiner Hand macht dich bärenstark."

Stella und Tom wären fast eingeschlafen, so beruhigend war die Geschichte, die Mampfred ihnen erzählt hat. Doch als sie die Augen öffnen, ist der kleine Mops nicht mehr zu entdecken. Stella und Tom spüren in sich hinein. Obwohl Mampfred nicht mehr da ist, fühlen sie sich, als hätten sie das Lächeln von Mampfred in ihrem Bauch. Sie wissen, dass sie von diesem Augenblick an nie wieder Angst vor der Angst zu haben brauchen. Sie sind so in Mampfreds Erzählung vertieft, dass ihnen erst jetzt der Brief auf dem Teppich wieder einfällt. Gespannt öffnen die beiden besten Freunde den Umschlag.

Liebe Stella, lieber Tom,

Magie, Magie
und Fantasie,
ich bin stark so wie noch nie,

Murmel Drops und Lollipops,
ich bin froh so wie ein Mops.

Eins, zwei, drei
und ich bin frei,

meine Angst
ist jetzt vorbei.

P.S.: Ich bin mal kurz weg, um einem Kind zu helfen, das gerade Angst hat. Ihr braucht aber keine Angst mehr zu haben, um mich wieder zu sehen. Ihr müsst nur eure Augen schließen und eure magische Murmel in die Hand nehmen und den Zauberspruch aufsagen und schon bin ich da!

Euer Mampfred

Was meinst du? Kannst du den Zauberspruch vom Mops inzwischen auswendig sagen?

Tipps und Hilfestellungen für Eltern und Erwachsene

Wirklich wichtige Hinweise

Kindliche Logik und magisches Denken

Kinder im Alter von 3 bis 9 Jahren besitzen noch eine ganz besondere Fähigkeit: **Das magische Denken.** Durch das magische Denken wird ein veränderter Bewusstseinszustand erreicht (die sogenannte hypnotische Trance). Auch das Tagträumen ist bei Kindern Teil des magischen Denkens. Dieser Zustand wird begleitet von einer ganzen Reihe körperlicher und seelischer Veränderungen. Das therapeutische Potenzial dieses Zustands wird unter anderem durch die Möglichkeit verdeutlicht, akute Ängste zu unterbinden, sodass positive und damit dauerhafte Veränderungen möglich sind. Das im Kind vorhandene Reservoir an positiven Erfahrungsmöglichkeiten, unbewussten Bewältigungsstrategien und eigenen Stärken wird durch die Geschichten aktiviert und zur Bewältigung von realen Problemen genutzt. In der Fachsprache wird das auch *Utilisation* genannt, also die Nutzung von Ressourcen.

Kinder denken nicht logisch, wie Erwachsene. **Kinder erfühlen die Welt.** Sie kennen keinen Sinn oder Unsinn. Sie kennen aber die Macht des Wünschens und die Kraft der Fantasie. Kinder können sich selbst und jedem beliebigen Gegenstand eine machtvolle Bedeutung und Kraft geben. Genial einfach und einfach genial. Denken, Gedanken und Fantasie als Heilmittel.

Deshalb können Sie die Geschichten nacheinander, aber auch einzeln lesen. Kinder müssen noch nicht einmal richtig zuhören beim Vorlesen, weil es mehr um das Erlebnis des gemeinsamen Lesens und Erfahrens geht. Deswegen muss eine Geschichte auch nicht unbedingt einen Anfang oder ein Ende haben, sie muss noch nicht einmal Sinn ergeben. Wichtig ist, sich mit Ihrem Kind durch den Leseakt zu verbinden. Das Kind ist mit dem Vorleser verbunden und spürt dessen Begeisterung. Es ist nicht so wichtig, *was* Sie einem Kind vorlesen, sondern *wie* Sie es vorlesen. Und wenn das Kind sich in einem Augenblick nur für das Bild, die Illustration interessiert, bleiben Sie unbedingt dabei und lassen Sie der Fantasie freien Lauf, bleiben Sie im Kontakt mit dem Kind. Das Reden über Geschichten ist in diesem Augenblick wichtiger als das Beenden oder „Abhaken" der Geschichte.

Geschichten leiten **Entspannungszustände** ein. Und das ist das Ziel. Geschichten lassen Bilder im Kopf des Kindes entstehen. Und diese Bilder sind nichts anderes als die Sprache des Unterbewusstseins, die das Kind in seinem Entwicklungsprozess unterstützen. Das Kind beginnt, sich immer mehr in die Geschichte zu versinken. Damit erreicht das Kind einen tranceähnlichen Zustand, in dem es ganz entspannt ist, und so in einen Zustand der entspannten Wachheit eintaucht. Hier darf es seiner Fantasie freien Lauf lassen. Man nennt das auch **Trancelogik.** Dort kann man die Zeit verzerren, schneller oder langsamer werden lassen, sich selbst größer oder kleiner machen oder Ängste mopsen – in der Trance ist alles möglich. Kinder können Ängste bewältigen und dadurch stark werden.

Wenn ein Kind eine Geschichte zu Ende gelesen hat, dann ist das Leseerlebnis zwar abgeschlossen, der Einfluss der Geschichte wirkt jedoch nach. Denn all das, was das Kind beim Lesen der

Geschichte gefühlt und in seiner Fantasie erlebt hat, kann auf Erlebnisse und Problemstellungen im realen Leben transportiert und angewendet werden.

Sie können die Wirkung der Geschichten auch verstärken, indem sie einen **haptischen Bezug** herstellen. Schenken Sie Ihrem Kind eine schöne Glasmurmel – genau so eine wie auch Stella und Tom in diesem Kinderbuch finden. Immer, wenn das Kind eine Geschichte liest oder vorgelesen bekommt, darf es die Glasmurmel in der Hand halten und damit spielen. Nimmt das Kind später die Glasmurmel in die Hand, werden genau die Gefühle und Erinnerungen ausgelöst, die es beim Lesen der Geschichte als sehr angenehm empfunden hat.

Das erinnert mich an eine Geschichte ...

Was Sie über Kinder und Ängste wissen sollten

Selbst das mutigste und stärkste Kind schaut irgendwann einmal aus Angst unters Bett. Und wenn wir ehrlich sind, macht der eine oder andere Erwachsene das doch auch hin und wieder. Kinder haben eine unglaubliche Fantasie und deswegen auch oft große Ängste. Daher kann die Welt auf Kinder wie ein gefährlicher Ort wirken. Menschen, die keine Angst haben, haben einfach keine Fantasie!

Angst hat einen evolutionären Grund: Wir brauchen sie, um uns vor Gefahren zu schützen. Die Wissenschaft sagt: Die Summe aller Ängste bleibt gleich. Das heißt so viel wie: Alle Menschen haben Angst, weil es eine Grundbefindlichkeit ist, die uns hilft, im Leben emotional und körperlich zu überleben, Angst ist wichtigster Teil des menschlichen Frühwarnsystems. Sie macht uns hellwach und leistungsbereit.

Von jeder Angst geht immer der Impuls aus, überwunden zu werden. Das einzige, das sich im Leben ändert, ist die sogenannte Angstrichtung. Angst ist immer da, nur die Dinge, vor denen wir Angst haben, ändern sich: Mal haben wir Angst um unsere Kinder, mal haben wir Angst um den Job, mal haben wir Angst, den Partner oder die Partnerin zu verlieren. Angst lenkt unseren Fokus auf vitale, lebensnotwendige Dinge. Sie ist wie Lampenfieber – nichts anderes als ein Schub zur Konzentration und Leistungsbereitschaft.

Die Angst selbst ist also nicht der Feind, sondern ein nützlicher Freund und Begleiter, der uns wachrüttelt. Nur wenn ein Mensch immerwährend Angst hat, kann es zu Leiden und Krankheit führen: Die Angst wird zu einer Angststörung.

Es gibt bei Kindern entwicklungsbedingte Ängste, Realängste, Furcht und Phobien. Realängste kann man nicht behandeln, die verschwinden mit der Zeit von ganz alleine. Ängste, die aus unterdrückten Gefühlen wie Wut, Trauer oder Ärger entstehen, können Kinder gut bewältigen, wenn man es ihnen vormacht oder Beispiele vorliest. Geschichten können wunderbare Angstzerstörer sein.

Kinder sind zu 100 Prozent Gefühlsmenschen! Die Währung der Kinder sind Spiele und Geschichten. Für Kinder ist immer wichtig, *wie* sie etwas erleben und nicht nur *was* sie erleben. Und Kinder brauchen stabile Menschen in ihrer unmittelbaren Nähe, die ihnen stellvertretend Hoffnung und Zuversicht, Mut, Glaube und Stärke vermitteln. Wenn ein Kind körperlich spürt und emotional fühlt: ich bin mit meiner Angst, mit meinen Sorgen, Nöten und Problemen nicht alleine, dann kann dem Kind nichts mehr geschehen, dann ist es stark und mutig, unerschütterlich mit einem ganz tiefen Vertrauen und Selbstvertrauen. Kinder benötigen keine Erziehung im eigentlichen Sinne. Was sie brauchen, ist eine starke emotionale Bindung und die drei großen Z:

Zeit, Zuwendung und Zärtlichkeit.

Geschichten wirken wie Medizin, nur besser! Und schneller! Es kommt vor allem darauf an, *wie* man Geschichten erzählt. Dann können sie eine ähnliche Wirkung entfalten wie Wiegenlieder. Der Übergang von Wiegenliedern zum Gebet und dem Beten ist fließend. Es geht sehr oft um **Wachen, Aufpassen und Beschützen.** Und das sind die wichtigsten Bestandteile, die man für eine heilsame Geschichte benötigt. Wenn das Kind spürt, dass es nicht alleine ist, dass alles sicher ist und dass es starke Beschützer in seiner Nähe gibt, dann ist die Welt des Kindes vollkommen heil und in Ordnung.

Kinder verstehen den emotionalen Inhalt von Geschichten viel schneller als den logischen Aufbau. Fühlen lernt man schneller als Sprechen. Je emotionsgeladener und bildreicher eine Geschichte ist, desto intensiver ist ihre Wirkung. Wer kennt es nicht, wenn einem beim Lesen ein richtiger Schauer den Rücken herunter läuft oder sogar Tränen kommen. Ausgelöst wird das durch Bilder im emotionalen Gehirn. Auch das Motivationszentrum im Gehirn wird aktiviert, wenn wir Geschichten hören und so natürliche „Rauschzustände" erleben. Denn im Motivationszentrum wird ein Hormoncocktail gemixt, bestehend aus den Glückhormonen (Endorphinen) Serotonin und Dopamin und dem Bindungs- und Vertrauenshormon Oxytocin. Im Gehirn wirkt es wie eine Belohnung und macht schnell „süchtig", weil es gute Laune und positive Gefühle auslöst. Emotionale Geschichten wirken im Gehirn auf die gleichen Rezeptoren ein wie Drogen. Geschichten halten also unser gehirneigenes Belohnungssystem auf Trab! Und vertreiben so die Angst!

Regen Sie die kindliche Fantasie an

Vorstellungskraft zur Selbststärkung

Was ein Kind sich vorstellen kann, kann es auch tun. Die Macht der Gedanken ist eine unglaubliche Kraftquelle und Ressource, um Kinder stark zu machen. Die kindliche Vorstellungskraft ist wie ein Abenteuerspielplatz, den Kinder jederzeit mit sich tragen. Geschichten regen die Fantasie der Kinder an und geben ihnen die Möglichkeit, Lösungsfantasien zu entwickeln. Dazu ist es gut, die Geschichten durchaus mehrfach zu lesen und zu besprechen. Denn genau durch diesen Austausch und die Reflexion entwickelt das Kind eine Vorstellung, wie es das Gelesene auf die eigene persönliche Situation übertragen kann. Wenn das Kind in der Geschichte ein Beispiel bekommt, wie es sich in schwierigen Situationen verhalten könnte, dient das als Anregung für die eigene Fantasie.

Kinder brauchen eine starke emotionale Bindung, am besten natürlich zu Mama und Papa, aber es ist auch heilsam, zum Beispiel eine Bindung zu einem Hund einzugehen, denn diese sind nicht nur wertvolle therapeutische Begleiter, sondern in vielfacher Hinsicht ein Segen für Kinder, um Regeln und Werte zu lernen, um Bindung einzugehen und Verantwortung zu übernehmen. Außerdem können Kinder sehr gut imitieren: Mama, Papa, ältere Geschwister, Oma, Opa und Fernsehhelden. Kinder imitieren Menschen, die schon beherrschen, was die Kinder noch lernen müssen. Auch imaginäre Begleiter können hier eine sehr wertvolle Hilfe für die Kinder sein.

Emotionale Bindung stärkt die kindliche Gabe des Urvertrauens. Deswegen sollten Eltern auf gar keinen Fall eigene Ängste gegenüber den Kindern zeigen, denn dann wird die kindliche Welt massiv erschüttert.

Angst tritt immer dann auf, wenn wir uns in einer Situation befinden, der wir nicht oder noch nicht gewachsen sind. Alles Neue, Unbekannte, erstmals zu Tuende verursacht Angst. Jede Entwicklung und jeder Entwicklungsschritt ist mit Angst verbunden. Erwachsenwerden und Reifen hat viel zu tun mit Angstbewältigung und dem Überwinden von Grenzen. Probleme lösen ist Angstbewältigung. Und Angstbewältigung ist letztlich Stressbewältigung.

Ängste überwinden geht nur, wenn man sich von Gewohntem und Vertrautem löst und den Mut hat, sich in Neues und Unvertrautes zu wagen. Mut tut gut und frisst die Angst. Kinder gehen auf der Suche nach Erfahrungen und Wissen große Risiken ein. Ein Kleinkind, das seine geliebte Rassel oder Kuscheltier in hohem Bogen wegwirft, ist neugierig, will die Gesetze der Welt kennen lernen und ist bereit, seinen sehr wertvollen Besitz dabei aufs Spiel zu setzen.

Geschichten fördern die Autonomie von Kindern. Sie können die Geschichte immer wieder lesen und Neues entdecken. Alles, was ein Kind durch Geschichten lernt, wird als etwas Eigenes erlebt. Wenn ein Kind sich entscheidet, seine Angst so zu bezwingen wie die Figuren in der Geschichte, so tut es das, weil es sich freiwillig entschieden hat und nicht weil Mama es so wollte. Das Kind erlebt dann ein Gefühl von eigener Macht und Stärke. Angst wird dann ganz alleine bewältigt.

Ein paar richtig gute Tipps zum Vorlesen

Pure Leidenschaft für Bücher wecken

Kinder und Geschichten gehören zusammen.

Wer Geschichten gut erzählen kann, sieht Kinder mit weit geöffneten Augen und geöffnetem Mund.

Wenn Sie aus Ihren Kindern nicht nur Buchbesitzer, sondern auch Buchnutzer machen wollen, dann müssen Sie Kinder für das Lesen begeistern. Begeisterung entsteht aus Neugier. Der digitalen Revolution zum Trotz, sollten Bücher so früh wie möglich zum Leben der Kinder dazugehören. Damit es Ihnen noch besser gelingen kann, Ihre Kinder die Faszination von Büchern zu vermitteln, habe ich Ihnen hier **sieben Tipps** aufgeschrieben:

❶ Das A und O beim Vorlesen ist eine gemütliche Atmosphäre, zum Beispiel im Bett oder auf einem Sofa mit vielen Kissen. Halten Sie das Buch am besten so in den Händen, dass das Kind die gleiche Perspektive wie Sie hat und dabei ganz entspannt die Bilder und Illustrationen anschauen kann.

❷ Eine Geschichte packend und spannend vorzulesen, fällt deutlich leichter, wenn Sie die Geschichte schon kennen. Lesen Sie die Geschichte also vorher einmal durch. So können Sie die Inhalte lebendiger und verständlicher darstellen. Kinder bemerken sehr schnell, ob jemand eine Geschichte schon kennt oder gerade nur improvisiert. Wenn Sie die Geschichte zu einem richtigen Vorleseerlebnis für das Kind machen wollen, dann verstellen Sie am besten auch noch Ihre Stimme, passend zu den jeweiligen Figuren oder Situationen. Legen Sie Gefühl in das Vorlesen.

3 Kinder lieben Wiederholungen. Die sind ganz wichtig für sie, weil sie dadurch Sicherheit bekommen und eigene Lösungsfantasien entwickeln können. Auch wenn es für Erwachsene manchmal ermüdend oder langweilig erscheint, Kinder mögen es, wenn Sie ihnen ihr Lieblingsbuch immer und immer wieder vorlesen. Und wenn es sein muss, 100 Mal! Eine Herausforderung für Sie, aber ein riesiger Spaß für das Kind. Je öfter ein Kind eine Geschichte hört, desto schneller kennt es die Geschichte in- und auswendig. So werden das Buch und die Geschichte zu einem Teil des kindlichen Bewusstseins und Lebens. Und von da ist es nur noch ein kleiner Schritt zur Handlung. Wenn ein Kind sich etwas vorstellen kann, kann es das auch tun. Klingt unmöglich? Ist es aber nicht!

4 Bleiben Sie konzentriert! Wenn Sie eine Geschichte runterleiern, werden Sie das Kind nicht begeistern und schon gar nicht fesseln. Schweifen Sie mit Ihren Gedanken ab, fängt das Kind an, sich für etwas anderes zu interessieren, nur nicht mehr für die Geschichte.

5 Setzen Sie Gestik und Mimik ein, um die Geschichte zu veranschaulichen – aber im Vordergrund sollte immer die Geschichte stehen, nie der Vorleser. Als Vorleser dürfen Sie auch zwischen Vorlesen und Erzählen wechseln. Nutzen Sie Ihre Fantasie, dann wird es das Kind auch tun. Das kann ein ganz tolles Ritual und ein starkes Gemeinschaftserlebnis sein. Genießen Sie das Vorlesen und nehmen Sie sich Zeit dafür.

6 Man kann nie zweimal die gleiche Geschichte vorlesen. *Wie* wir eine Geschichte lesen oder hören, hängt von ganz vielen Faktoren ab, der Tagesform, dem Gefühlszustand usw. Sie werden zum weltbesten Vorleser, wenn Sie es schaffen, ganz spontan auf die Wünsche des Kindes einzugehen (utilisieren!). Will das Kind sich nur das Bild anschauen, schauen Sie sich das Bild an. Soll so vorgelesen werden wie immer, lesen Sie vor wie immer. Stellt das Kind Fragen zur Geschichte, gehen Sie auf die Fragen ein. Wenn Sie eine Bindung zum Kind aufbauen, baut das Kind eine Bindung zu Ihnen und zur Geschichte und dem Buch auf.

7 Kinder wollen spielen. Manchmal wollen sie auch die Inhalte der Geschichten imitieren oder malen. Geben Sie Ihnen dann die Gelegenheit dazu.

Ich hoffe, die Tipps konnten Sie zu schönen Leseerlebnissen inspirieren. Ich wünsche Ihnen viel Spaß mit ihren Kindern beim gemeinsamen Lesen!

Ihr *Christian Lüdke*

Autor / Illustratorin

Der Autor:
Christian Lüdke

Jahrgang 1960, ist Kinder- und Jugendlichenpsychotherapeut und Klinischer Hypnotherapeut. Er ist erfahrener Experte für die Behandlung von Ängsten und Traumata bei Kindern, und in Funk

und Fernsehen ein gefragter Interviewpartner zu diesen Themen. Vor zehn Jahren hat er bereits das erfolgreiche Buch „Der kleine Samurai – Mio Mio Mausebär. Gemeinsam stark gegen Kinderängste" herausgebracht. Weitere Bücher sind u. a.: „Mahl Zeit für mich" und „Wenn die Seele brennt". **www.lüdke.de**

Die Illustratorin:
Saskia Gaymann

Frech, neugierig, selbstbewusst und mit einem breiten Grinsen im Gesicht gehen Saskia Gaymanns kleine und große Helden mit Witz und unverkennbarem Strich auf Entdeckungsreise. Die Kombina-

tion aus Collage und Zeichnung bildet dabei das charakteristische Stilelement ihrer Arbeiten.
Seit 2008 arbeitet Saskia Gaymann als selbstständige Illustratorin und Cartoonistin in Köln. Fünf Bücher mit ihren Werken sind bereits erschienen. **www.saskia-gaymann.de**